U1015211

能源系统低碳转型驱动机制及路径研究

——以陕西省为例

Research on Driving Mechanism and path of Low-carbon Transformation of Energy System

李慧◎著

中国经济出版社
CHINA ECONOMIC PUBLISHING HOUSE
北京

图书在版编目（CIP）数据

能源系统低碳转型驱动机制及路径研究 ：以陕西省为例 / 李慧著 . -- 北京 ：中国经济出版社，2024. 6（2025. 4 重印）.

ISBN 978-7-5136-7800-1

Ⅰ. F426. 2

中国国家版本馆 CIP 数据核字第 2024B0P480 号

组稿编辑　崔姜薇
责任编辑　冀　意
责任印制　李　伟
封面设计　久品轩

出版发行　中国经济出版社
印 刷 者　北京艾普海德印刷有限公司
经 销 者　各地新华书店
开　　本　710mm×1000mm　1/16
印　　张　11. 25
字　　数　155 千字
版　　次　2024 年 6 月第 1 版
印　　次　2025 年 4 月第 2 次
定　　价　88. 00 元
广告经营许可证　京西工商广字第 8179 号

中国经济出版社　**网址** http://epc. sinopec. com/epc/　**社址** 北京市东城区安定门外大街 58 号　**邮编** 100011

本版图书如存在印装质量问题，请与本社销售中心联系调换（联系电话：010-57512564）

版权所有　盗版必究（举报电话：010-57512600）

国家版权局反盗版举报中心（举报电话：12390）　　服务热线：010-57512564

目 录
contents

第1章

绪　论

1.1 研究背景及意义

1.1.1 研究背景

(1) 现实背景

随着我国经济的高速发展，能源需求量持续增加，加之我国“富煤、贫油、少气”的基本国情以及高碳化的产业结构，我国能源系统面临多重挑战，资源环境约束成为无法回避的严重问题（林伯强，2015）。首先是经济增长引致严重的环境气候问题。国际能源署（IEA）数据显示，中国能源碳排放占全球能源碳排放的 28%，占中国总体碳排放的 88%，其中，煤炭碳排放是能源碳排放的主要来源。如何平衡经济增长和环境保护已成为迫切需要解决的问题。其次是日益增加的能源消费需求。我国当前一次能源消费量已占到世界一次能源消费总量的 1/4。根据《中国能源发展报告 2022》，虽然我国煤炭消费量占能源消费总量比重从 2017 年的 60.6%下降到 2021 年的 56%，但是能源消费总量仍然在持续攀升，其中，2021 年，我国能源消费总量为 52.4 亿吨标准煤，同比上升 5.15%。最后是能源安全。“富煤、贫油、少气”的能源资源禀赋导致我国能源对外依存度较高，如 2019 年我国石油的对外依存度高达 72.5%。在目前全球政治环境日趋复杂的背景下，我国面临的能源安全风险日益增加。

为应对上述挑战，我国近年来多措并举，大力推进能源转型，尤其是面向全球做出了“2030 年前实现碳达峰、2060 年前实现碳中和”重要承诺，并将“十四五”时期作为“2030 年前碳排放达峰”的关键期和窗口期，这就倒逼我国加快能源转型进程。但能源转型不是单纯基于技术和经济投入的技术-经济范式转换，而是能源系统整体的变革与创新（范英、衣博文，2021；刘平阔、彭欢、骆赛，2019），既是气候环境、战略需求、制度政策、经济和技术基础、价值理念等多重要素协同作用的过程（Geels，2004），也是多元主体密切互动的社会化过程（Deuten et al.，1997）。因此，能源转型是能源系统社会-技术范式的转换过程。

我国幅员辽阔，区域跨度大，不同省域在能源资源禀赋、主导产业结构、环境气候条件、经济和技术基础、能源需求等方面存在较大差异，所以，不同省域在能源转型方面面临的问题不同，适用的能源转型模式和路径也不同。因此，有必要以省域为对象，具体研究探讨省域层面能源系统转型的影响因素及其作用机制，从而探寻适用于省域层面的能源系统转型路径。

陕西是我国的能源大省之一，能源储量和产量均居全国前列。能源储量方面，陕西省能源局数据显示，2019 年全省煤炭探明储量 1700 亿吨，居全国第三位；石油累计探明地质储量 19 亿吨，居全国第五位；天然气累计探明地质储量 1.2 万亿立方米，居全国第三位。另外，陕西省还拥有丰富的风能、太阳能、生物质能和水能等可再生资源。能源产量方面，陕西省统计局数据显示，2021 年，全省规模以上工业煤炭、石油、天然气产量分别为 7.00 亿吨、2552.76 万吨、294.13 亿立方米，分别居全国第三位、第四位和第三位；全省规模以上工业发电量 2615.83 亿千瓦时，居全国第十四位，其中，水力、风力、光伏发电量合计 339.47 亿千瓦时，占总发电量的 13%。此外，陕西省关中、陕北和陕南地区在能源资源禀赋、环境气候条件以及经济基础、技术条件和产业结构等方面，均存在显著差异。这意味着陕西省应基于自身特点和内部区域间的差异，探寻符合自身特点和发展实际的能源转型之路。

（2）理论背景

Kemp 等（1998）最早提出社会-技术转型理论，该理论经过多年的发展已形成多种分析框架，其中，多层级视角（Multi-Level Perspective，

MLP）最受关注。MLP 综合了演化经济学、创新社会学和制度理论等多学科的理论成果，以社会-技术系统为分析对象，将社会因素纳入分析框架，把社会-技术系统划分为社会-技术景观层、社会-技术体制层和创新利基层三个层级，强调多重因素的复杂并发作用对系统整体变革与创新的综合影响（Geels，2017）。MLP 认为，社会-技术系统转型是在景观层对体制层不断施压，利基层对体制层不断挑战和威胁，以及体制层不断自我革新的共同作用下，推动系统整体变革和创新的过程（Geels and Schot，2007）。随着可持续转型研究的推进，MLP 理论成为系统转型研究的主流分析框架，并广泛应用于能源、交通等社会-技术系统的研究。

值得一提的是，我国能源系统面临着与发达工业化国家完全不同的发展情境。首先，由于各国处于不同的经济发展环境和发展阶段，其能源转型的过程和结果必然存在差异（柴建等，2019）。我国当前正处于工业化、城镇化和电气化共同驱动的能源消费高速增长阶段（王君安等，2017），而这也是我国推动能源低碳转型区别于发达工业化国家的突出特征之一（杨莉莎等，2019）。其次，我国在能源资源禀赋、能源生产和消费结构，以及经济技术基础、制度体制、社会文化等方面，与发达工业化国家存在显著差异（刘平阔、王志伟，2019）。这就要求我们必须立足中国的发展阶段，结合中国能源系统的特点和发展实际开展相关研究。

国内学者陈卓淳和姚遂（2012）、吕涛等（2015）、郭丕斌等（2019）、聂龑和张国兴（2020）等将 MLP 分析框架引入中国能源系统，从系统整体角度研究探讨了我国能源系统转型的因素、目标和路径等。但已有研究存在两个问题：一是偏重理论探讨和思辨分析，缺乏具体的分析方法和经验数据支撑；二是大多以国家整体的能源系统为研究对象，较少关注我国内部不同区域在能源资源禀赋、气候环境条件、经济技术基础等方面的差异及其对区域能源系统低碳转型的影响。而“一刀切”的能源转型路径难以有效反映我国不同区域的能源发展需求（刘平阔、王志伟，2019）。

1.1.2 研究意义

（1）理论意义

首先，基于社会-技术转型 MLP，将技术、经济以外的制度、政策、政治压力、社会矛盾等社会层面的因素纳入分析框架，探寻驱动我国能源系统低碳转型的多重因素及其作用机制，从而丰富、拓展能源转型研究的思路、理论和方法。

其次，深化、丰富中国本土情境下能源系统低碳转型的理论成果，尤其是拓展社会-技术转型 MLP 这一分析框架在我国省域层面能源系统研究中的应用。

（2）现实意义

首先，本研究从能源系统整体角度，综合考虑技术、经济、社会等多重因素，加强能源系统低碳转型的顶层规划和设计，为政府部门提供决策依据。

其次，本研究充分考虑我国内部不同省域之间以及省内不同细分区域之间在气候环境、能源资源、经济基础、社会文化等方面的差异性，为分省域、分区域差异化推进能源系统低碳转型提供政策依据。

1.2 文献综述

本研究主要基于社会-技术转型 MLP，立足省域层面的能源系统，从系统整体角度研究探讨省域能源系统低碳转型的驱动机制及路径。围绕这一主题，本研究具体从能源转型、MLP 及其分析框架、系统创新以及 MLP 下能源转型等四个方面对已有相关研究进行系统梳理和评述。

1.2.1 能源转型相关研究

（1）能源转型的内涵与特征研究

关于能源转型，学术界尚未有明确且统一的定义。到目前为止，人类经历了两次大规模的能源转型。第一次能源转型发生在 18 世纪中后期，由秸秆、木柴等生物质能转变为煤炭。数据显示，煤炭在世界能源结构中的占比从 18 世纪中后期开始不断增加，到 1910 年达到峰值，约占整个能源结构的 60%，之后开始逐渐下降。第二次能源转型发生在 20 世纪初，石油和天然气逐渐替代了煤炭。因此，回顾人类经历的两次能源转型可以发现，能源转型实质上是主导能源不断更迭的过程，每一次转型都呈现出降碳化的趋势，替代能源的化学元素中碳元素不断减少，氢元素逐步增加，其结果是能源结构日益优化，能源中的碳含量逐步降低，因此，能源转型也称为“能源低碳转型”。Pierri E 等（2017）将能源转型定义为能源系统沿着特定路径的一系列破坏性变化过程和渐进性适应过程。朱彤（2016）强调了技术层面的能源转型，认为能源转型是不断将新的能源技术运用于能源生产和能源消费的过程。Grübler（2004）归纳了能源转型的三个特征，即“数量”“结构”“质量”的变化。

（2）能源转型的动因研究

煤炭的使用开启了高碳的化石能源时代，也推动了社会进步，但随着经济社会发展与生态环境保护之间的矛盾日益突出，传统的高碳化石能源系统已不再适应现代社会的需求，人们开始主动寻求能源转型。进入 21 世纪后，能源转型逐渐被越来越多的国家接受并成为全球共识，但各国推动能源低碳转型的动因存在较大差异，这种差异主要体现在不同国家能源转型的核心动机和油气资源禀赋两大方面（Bergek A et al.，2008）。如德国是一个重视气候变化的国家，而且自身油气资源比较匮乏，因此其提倡发展可再生能源（朱彤，2016）。另外，在德国经历反核能与和平运动后，绿党（反对核能）获得了政治上的胜利，尤其是在“切尔诺贝利事件”① 之后，德国的能源转型聚焦到了能源结构“去核化”上（王卓宇，2016）。挪威也非常重视气候变化，但其油气资源富足，可以在不增加进口风险的情况下支撑天然气的增长（范英、衣博文，2021）。美国拥有丰富的油气资源，为了强化能源自给，确保国家能源安全，美国支持能源结

① 1986 年，发生在苏联统治下乌克兰境内的核反应堆事故，该事故被认为是历史上最严重的核事故。

构低碳化转型并着力于可再生能源和清洁能源发展（朱彤，2016）。日本同样重视能源安全，但由于其资源匮乏，以天然气和煤炭共同作为过渡能源，着力发展核能、太阳能、氢能等新兴能源（范英、衣博文，2021）。中国有着独特的国情和能源资源禀赋，当前所处的经济发展阶段和经济技术基础与发达工业化国家存在显著差异，因此与发达工业化国家的能源转型动因不同。我国长期以来的粗放型经济增长引致的能源消耗偏大、能源利用效率偏低，以及经济快速增长引致的能源消费需求急剧上升，共同促进并加快了我国的能源转型进程（李俊江、王宁，2019）。另外，"富煤、贫油、少气"的能源资源禀赋与严峻的环境治理压力也加速了我国的能源转型进程（李俊峰、柴麒敏，2016；林伯强，2015）。

（3）能源转型的路径与目标研究

首先，关于能源转型的路径研究。主要涉及能源替代、多能互补、化石能源主导下的能源清洁高效利用，以及基于时间轴的分阶段复合式能源转型路径等。Vahl F P 等（2015）通过对巴西电力系统的研究，提出了"可再生分布式发电"的能源替代转型路径。陈卓淳和姚遂（2012）基于 MLP，从短期、中期、长期三个时间维度构建了我国电力系统社会-技术转型路径的基本框架。马丽梅等（2018）基于情境模拟分析，构建了我国 2015—2050 年三阶段复合式能源转型路径。许剑（2018）提出了全球能源发展的三大技术路径，即能源效率提升、非常规化石能源开发、可再生能源开发。刘平阔和卢存禹（2022）基于空间维度把中国大陆 31 个省级行政单位划分为八大综合经济区，基于时间维度把中国能源转型过程划分为能源发展平稳期（2000—2005 年）、能源转型换挡期（2006—2013 年）和能源转型加速期（2014—2019 年），并在此基础上实证分析了中国能源转型路径选择的影响因素。

其次，关于能源转型的目标研究。车亮亮和武春友（2015）提出，我国能源系统的发展目标是能源结构清洁化、能源使用高效化和能源技术低碳化。林绿等（2017）认为，我国应把发展清洁低碳能源作为能源转型的主要目标。童光毅（2018）认为，我国的能源供应体系将向着清洁、低碳、智能、高效、安全的方向发展。刘平阔和王志伟（2019）采用 MES 方法和 LVC 方法开展研究，认为电能对化石能源具有较强的替代性。王江和张翔（2020）构建了基于代理的系统动力学转型模型，认为石油和天然气将是近阶段能源系统中的主要替代品。

（4）能源转型的影响因素研究

现有关于能源转型影响因素的研究主要聚焦于技术、经济、社会等多个方面。

首先，关于技术因素对能源转型的影响。技术因素是能源转型相关研究关注的热点，既包括传统技术基础上的革新，也包括新兴技术的研发；既包括能源的勘探、开发和利用技术，也包括能源的节能、降碳和减排技术。Arranz 等（2005）强调了技术创新在能源转型中的核心作用。Ishak 和 Hashim（2015）认为，能源技术的发展、能源使用效率的提升、新能源占比的扩大等，有助于促进节能减排，加快能源更替，从而推动能源转型。Xie X 等（2016）研究认为，减少二氧化碳的排放量需长期重视节能技术研发。Martin（2017）研究认为，传统技术创新和节能技术研发双重作用于能源转型。吴敏（2021）指出，科技创新力度的加大有利于促进能源转型：一是对煤炭的减碳利用技术进行研发，二是大力促进包括生物质能在内的可再生能源开发。曾诗鸿等（2021）提出低碳技术创新是实现能源低碳转型的核心支撑。

其次，关于经济因素对能源转型的影响。已有研究普遍认为，能源市场、能源价格、资金投入、收入水平、产业结构等对能源转型具有显著影响。如 Duro J A 等（2006）、冯相昭和邹骥（2008）通过计量分析发现，能源转型受到人均收入差异和经济发展水平的影响。Peter Wells 等（2012）认为，能源转型的关键在于“新能源”与“传统能源”的竞争，而能源价格是其中最关键的竞争因素。Mey F（2017）认为，能源价格下降有助于能源技术推广，从而促进能源转型。冯永晟等（2020）认为，能源价格作为一种杠杆调节手段，有利于形成对能源消费结构调整的倒逼机制，从而促进企业增加研发投入，推动能源消费结构调整。马丽梅等（2018）基于经济学视角的研究提出，可再生能源的发展受到能源生产损失、能源供应损失和生态损失的限制。

再次，关于社会因素对能源转型的影响。关于能源转型的社会因素，已有研究主要关注体制机制、政策、利益相关者行为等。Verbong 和 Geels（2007）、Roberts C（2017）、Christian 等（2018）均强调了政策因素在能源转型中的重要作用。Geels（2018）特别关注了政府的政策风格问题，认为应通过淘汰机制加速能源转型。Vuuren D P 等（2017）探讨了生活方式改变对能源系统转型的影响。Baldwin 和 Carley（2019）认为，推进能源转型需要协调好各利益主体之间的关系。李平（2018）以我国新能源汽车为例，提出政府的政策激励是能源系统低碳转型的核心驱动力。曹书维（2019）从政策工具视角探讨了供给型政策、需求型政策和环境型政策对能源转型的影响。霍国庆等（2020）提出，政策创新是引领能源转型的理论基础。林伯强（2018）指出，社会支持、政策引导对推动能源转型具有重要意义。曾诗鸿等（2021）认为，能源体制机制改革是实现能源低碳转型的重要保障。曲卫华等（2021）基于演化博弈分析发现，激发公众参与环境行为能够有效促进企业和政府对能源转型做出积极反应，从而推动能源转型。

最后，关于多重因素对能源转型的综合影响。不少学者关注了多重因素的综合作用对能源转型的影响。如 Gabriella 等（2016）研究认为，技术、经济、制度和社会条件等共同促进了荷兰风能的发展。环境因素、技术因素和社会可接受性因素相互交织、共同作用，影响着一国能源转型的进程。成功过渡到一个可持续的能源系统，不仅需要技术层面的创新，更需要社会层面的创新。聂龑和吕涛（2017）对中国电力系统进行的研究认为，环境压力和电网升级转型需求是中国电网转型的两大推动力。吴磊等（2018）构建了包括动机动力、资源禀赋、技术条件、经济可行和政治意愿的能源转型五要素框架。郭扬和李金叶（2019）认为，能源转型受到市场、政府、大国责任等因素的共同影响。刘平阔等（2019）认为，制度层面的转型是中国能源转型的根本，技术、经济和行为等层面的转型是中国能源转型的助力，除此之外，能源转型还受到技术普及率、成本费用、投资鼓励政策以及企业社会责任等因素的影响。汪辉等（2021）认为，影响能源低碳转型的因素包括环境和资源承载度、经济适应度以及社会认可度。范英和衣博文（2021）认为，市场因素、政策因素、创新因素、行为因素等都是推动我国能源转型的着力点和切入点。

（5）能源转型的区域差异性研究

已有研究普遍关注到了区域之间的发展差异对能源转型的重要影响。首先，中国能源系统具有独特性，国外学者关注的问题并非中国能源转型过程中的主要“矛盾”，因此，中国的能源转型路径和模式无法生搬硬套国外的现成经验（刘平阔、卢存禹，2022）。其次，世界范围取得一定能源转型成果的国家或地区，要么早已完成了工业化转型，要么经济社会结构相对简单（Bazbauers et al.，2019），而我国当前正处于工业化、城镇化和电气化共同驱动的能源消费高速增长阶段（王君安等，2017），这是我国推动能源转型区别于发达工业化国家的突出特征之一（杨莉莎等，2019）。各国处于不同的经济发展环境和发展阶段，其能源转型的过程和结果必然存在差异（柴建等，2019），“一刀切”的能源转型路径和模式难以有效反映不同区域的能源发展需求（刘平阔、王志伟，2019）。单从一国内部来讲，我国幅员辽阔，区域跨度较大，不同区域在能源资源禀赋、经济发展基础、产业结构、环境气候等方面存在明显差异。如林伯强（2022）基于碳中和目标，认为能源供需调配应该考虑区域之间的资源禀赋、工业化水平、基础设施以及人口流动等。刘平阔和卢存禹（2022）研究发现，中国八大综合经济区在能源转型路径选择方面存在区域性差异。

1.2.2 MLP 及其分析框架

（1）MLP 的理论渊源

社会-技术系统的前身是 Dosi（1982）提出的技术范式概念。所谓技术范式，是指技术的认知结构和参与其中的个人与组织群体结构。这一概念过多地关注技术层面的问题，与社会层面的联系较少。在这一概念的基础上，Rip 和 Kemp（1998）提出了社会-技术范式概念，这一概念除了技术层面以外，还包含了嵌入技术层面的社会-技术系统的深层结构或法则。因此，社会-技术转型强调的是一个社会-技术系统中各个要素在各方面的协同演进和变革，不仅包括技术层面要素的转变，还涉及非技术层面要素的变革。社会-技术转型是一个包含多个参与主体、多种组成要素，并且涉及多个层面、多种路径、多种模式、多个阶段的长期演化过程。社会-技术转型这一概念一经提出，便迅速引发了学术界的广泛关注。基于对社会-技术转型问题的关注重点和视角的不同，社会-技术转型研究形成了四种理论分析框架，即技术创新系统（TIS）、战略利基管理（SNM）、社会-技术转型 MLP 和转型管理（TM）。其中，Geels 创建的 MLP 分析框架综合了演化经济学、创新社会学和制度理论的成果，影响力最大、关注度最高，是学者研究一些典型的社会-技术系统（如能源系统、供水系统、交通系统）时使用的主流分析框架。

（2）MLP 的理论框架

MLP 以社会-技术系统为分析对象，将非技术因素纳入分析框架，认为社会-技术转型是社会-技术系统中的社会-技术景观、社会-技术体制和创新利基三个层级之间多个因素相互作用的动态非线性过程（Geels，2005），是在景观层对体制层不断施压，利基层对体制层不断挑战和威胁，以及体制层不断自我革新的共同作用下，推动系统整体变革和创新的过程（Geels and Schot，2007）。其中，社会-技术景观是社会-技术系统面临的外部环境和大背景（Rip and Kemp，1998），如全球或一国的政治经济因素、环境与气候等，是推动系统转型的“发动机”和“助推器”。社会-技术景观一旦发生变化，就会对社会-技术系统的体制层产生压力，扰乱体制层内部要素的联动性，削弱体制层的稳定性，同时为创新利基创造“机会窗口”，从而促进激进式创新的出现和快速演化（Geels F W，et al.，2017）。体制层是社会-技术系统的核心层级，在社会-技术系统中占据主导地位（Hoogma et al.，2002）。社会-技术系统转型具体表现为新兴技术取代原有技术，从而形成新的社会-技术体制。社会-技术体制涉及技术、市场、政策、用户实践等多个维度（Geels，2004），具体包括三种类型的要素，即社会行为主体（政府、生产者、消费者等）、社会规则（法律法规、政策等正式规则和道德、义务、习俗观念等非正式规则）和社会-技术布局（技术、市场、基础设施等）（Verbong and Geels，2007）。创新利基层为激进式创新提供保护空间，或者说，它是一种培养皿、孵化室，专门培育创新技术、产品，可能会对现存的社会-技术体制产生冲击。

1.2.3　系统创新的相关研究

什么是系统创新？常绍舜（2012）认为，系统创新主要由要素创新、层次创新、结构创新、功能创新、环境创新等五个方面有机构成。经济合作与发展组织（OECD，2015）在《系统创新：综合报告》中指出，系统创新是一个跨领域的政策方法，通过调动技术、市场机制、管制措施、社会创新解决复杂的社会问题，通过系统中的要素间互动或互助来构建新的“社会-技术系统”。系统创新强调系统内部各要素之间的协调发展，追求经济效益、生态效益和社会效益的有机统一，其基本思路是使知识创新按照市场需求在整体战略和机制的协调下形成制度、管理、技术和政策上的综合创新机制和体系（隋映辉，1999）。系统创新和创新系统容易混淆，需要明确的是，创新系统更多的是分析创新主体网络，而系统创新则是一种创新政策方法。创新系统聚焦知识和研发，系统创新则聚焦市场的引入、扩散、吸收、使用等连锁效益和系统转型。创新系统专注于改善现有系统的功能，而系统创新重在推动现有系统转向新的社会-技术系统。创新系统关注知识流动速度和知识成果产出规模，而系统创新除此之外还关注系统创新的方向是否以问题和目标为导向。创新系统关注通用条件和系统要素对创新活动抽象的支撑作用，而系统创新更关注具体的技术和部门（包括消费者、公司、行业、公众等）。创新系统的主体是供给侧的主体，并且假设其都是理性的；系统创新的主体则更为广泛，包括不同利益主体，并且各主体之间必然存在一定的意见分歧。创新系统的基准和指标测量等方法更为定量和理性，而系统创新在方法上偏向于不确定和定性。

总而言之，系统创新是在创新系统上实施的，并且需要超越创新系统。系统创新对科学技术管理具有强大的理论支撑意义，真正提出了将科技和经济、环境一体化的思路。隋映辉（2001）强调了系统创新中非技术因素对技术创新及其成果转化的巨大作用，讨论了制度创新对技术创新的激励作用，提出要构建市场化、产业化、资本化系统创新体系的框架战略。胡卫（2017）阐释了系统创新的进化论哲学，分析了“间断平衡进化”“准进化”“共同进化”等三种系统创新“进化”过程。

1.2.4 MLP 下能源转型的相关研究

国外较早将 MLP 理论及其分析框架应用于能源转型研究中。Aidan 等（2004）利用案例分析法研究发现，推动能源系统转型的主要驱动力来源于后发城市在社会关系同质性方面具有的竞争优势。Ventosa M 等（2005）将 MLP 分析框架应用于荷兰电力系统转型的研究，认为相比于能源愿景、能源价格等常规因素，中央政府希望强化自身在能源体制中的地位，给原有电力体制施加压力。Kemp 等（2007）同样运用 MLP 理论及其分析框架分析了荷兰的能源转型体制，指出需要解决多目标抗衡、因素不确定性、政治短视、体制锁定等六大发展问题，以应对荷兰能源转型方面存在的风险。Geels 和 Verhees（2011）认为，创新利基正在不断冲击荷兰现有的稳定电力体系，政府政策在能源转型中发挥着关键作用。Geels（2018）在对英国电力系统的研究中，将计算机模型与 MLP 相结合，探究社会偏好和政策灵活度对电力系统转型的影响。Geels（2018）基于不同政体的国家和私人部门之间关系的差异，区分了四种政策风格，认为一国的政策风格决定了其引导社会-技术转型的具体政策。

国内研究方面，洪进等（2010）最早将 MLP 分析框架引入国内能源转型研究，并快速引起学术界的广泛关注。陈卓淳和姚遂（2012）基于 MLP 分析框架对我国电力系统的低碳转型路径进行了研究。李娟等（2021）以社会-技术转型理论为基础，构建了基于情境与产业发展阶段的页岩气开发模式。郭丕斌等（2019）将社会-技术变迁理论框架与能源转型实践活动相结合，识别出了能源技术、能源市场、能源愿景、能源政策、转型主体等驱动能源系统低碳转型的动力因子。另有学者将MLP理论的某一个层级作为切入点，探究某个具体层级内部的因素对能源系统低碳转型的影响。如聂龑和吕涛（2017）提出，来自景观层的环境压力和电网升级转型需求是中国电网转型的两大推动力。姚遂等（2020）提出，加快社会-技术系统转型必须扶持技术利基成长，从防护、培育、赋能三个方面建立和强化利基保护空间功能。李慧等（2023）从社会-技术系统景观层出发，深入探讨了我国能源系统低碳转型的驱动因素及其作用机理。

1.2.5 研究述评

虽然国内外学者围绕能源转型、MLP及其分析框架、系统创新以及MLP下能源转型等主题，开展了广泛、系统的研究，取得了丰硕的研究成果，但仍存在以下不足：对于能源转型的影响因素及作用路径，多从经济或技术的单一视角进行研究，从系统整体角度，即将能源转型视为能源系统整体的变革与创新，系统分析多重因素对能源转型综合影响的研究不足。基于此，本研究拟从系统整体角度，基于社会-技术分析范式，运用社会-技术转型MLP分析框架，研究探讨我国能源系统低碳转型的作用机制和实现路径。

从研究对象的选择来看，已有关于社会-技术系统转型的研究，大多以国家层面的社会-技术系统，如一国的交通系统、电力系统、水利系统、能源系统等，作为研究对象。

基于社会-技术转型MLP研究我国能源系统的相关文献，大多局限于经验启示与借鉴、理论框架构建等思辨性分析，缺乏具体的分析方法和经验数据的支撑。基于此，本研究基于社会-技术转型MLP分析框架，以陕西省能源系统为研究对象，结合陕西省能源系统的现状、特点及转型发展实际，综合运用文献分析、程序化扎根理论分析和模糊集定性比较分析等多种研究方法，以陕西省10个地级市为案例对象，基于多案例比较分析，系统研究驱动陕西省能源系统低碳转型的关键因素、作用机制及实现路径，以期为陕西省能源系统低碳转型提供理论支持和决策参考。

1.3 研究目标与内容

1.3.1 研究目标

本研究的总体目标是在社会-技术转型 MLP 分析框架下，以省域层面的陕西省能源系统为对象，探寻驱动陕西省能源系统低碳转型的多重因素及其驱动机制，并构建推动陕西省能源系统低碳转型的驱动路径，从而为加快推进陕西省能源系统低碳转型提供理论指导和政策依据。具体包括如下细分目标：一是系统解析社会-技术转型 MLP 的形成背景、理论渊源和构成框架；二是明晰陕西省能源系统低碳转型的现状和特征；三是基于社会-技术转型 MLP，阐释陕西省能源系统的三个层级及其构成要素和构成主体，并明晰陕西省能源系统的演进过程；四是从理论上明晰陕西省能源系统低碳转型的驱动机制；五是通过对上述理论机制的验证性分析确立陕西省能源系统低碳转型的驱动因素及其作用关系；六是基于多角色多准则决策分析，构建推动陕西省能源系统低碳转型的可行路径。

1.3.2 研究内容

本书研究基于社会-技术转型 MLP 理论，从社会-技术系统角度，以陕西省能源系统为研究对象，系统研究陕西省能源社会-技术系统三个层级的多个因素驱动能源系统低碳转型的作用机制和实现路径。具体研究内容如下。

(1) 社会-技术转型 MLP 的形成背景、理论渊源和构成框架

首先，基于全球性资源环境问题及其研究框架的演进过程，探讨了社会-技术转型 MLP 的形成背景，并从演化经济学、创新社会学、制度理论等多学科角度探讨了其理论渊源。其次，从纵向三个层级的构成及其内涵，以及横向四个阶段的动态过程和特点，对 Geels 创立并

逐步完善的社会-技术转型 MLP 这一理论框架，进行系统分析和探讨。

（2）陕西省能源系统低碳转型的历程、现状及特征

先以 2005 年《中华人民共和国可再生能源法》颁布时间为节点，再以我国的五年规划为发展周期，将陕西省能源系统低碳转型的发展历程划分为四个阶段，进而从能源消费、能源生产、新能源产业发展及能源利用效率等方面，对陕西省能源系统低碳转型的现状进行分析，并基于此总结归纳了陕西省能源系统低碳转型六个方面的特征。

（3）MLP 下陕西能源系统的构成

分析陕西省能源系统分别在景观层、体制层和利基层的构成要素与构成主体，对陕西省能源系统中的构成要素和构成主体之间的相互作用关系进行探讨。

（4）MLP 下陕西省能源系统低碳转型驱动机制的理论分析

在明确陕西省能源社会-技术系统构成的基础上，运用程序化扎根分析方法，以陕西能源系统为分析对象，选取陕西省 10 个地级市为研究案例，对通过多渠道收集的一手和二手资料数据进行编码分析，识别陕西省能源系统低碳转型的驱动因素，然后结合社会-技术转型 MLP 理论，初步构建陕西省能源系统低碳转型驱动机制模型。

（5）MLP 下陕西省能源系统低碳转型驱动机制的验证性分析

基于上一部分构建的陕西省能源系统低碳转型驱动机制模型，本部分使用模糊集定性比较分析法，以陕西省 10 个地级市为案例研究对象，以 2016—2022 年陕西省以及各地级市的统计年鉴和《中国能源统计年鉴》《中国科技统计年鉴》《中国煤炭工业年鉴》等为主要数据来源，利用 fsQCA3.0 软件进行分析，在检验前述扎根分析形成的理论模型和作用机理的同时，明确陕西省能源系统低碳转型的驱动机制。

（6）MLP 下陕西省能源系统低碳转型路径分析

基于前述研究，结合访谈、工作坊等多种方式，运用多角色多准则分析（Multi-Actor Multi-Criteria Analysis，MAMCA）方法及其相关软件进行实证分析。基于 MLP，设定陕西省能源社会-技术系统各决策主体关于陕

西省能源系统低碳转型发展的评估准则，定量分析各决策主体对于陕西省能源系统低碳转型发展的不同立场，协调各决策主体关于陕西省能源系统低碳转型发展的差异化利益诉求，从而预测陕西省能源系统低碳转型发展的可行路径。

（7）推动陕西省能源系统低碳转型的启示与建议

基于上述研究理论和研究结果，立足陕西省目前所处的发展阶段，围绕陕西省的能源转型发展目标，结合陕西省能源系统低碳转型的实际，为陕西省能源系统低碳转型的推进和发展提供政策建议。

1.4 研究思路与研究方法

1.4.1 研究思路

一是基于当前我国尤其是陕西省能源系统及其低碳转型发展实际，结合社会-技术转型、系统创新、能源转型等主题的多学科研究成果，提出研究问题；二是综合陕西省与能源相关的政策文件、会议、规划以及能源行业发展实际，系统地掌握陕西省能源转型的历程、现状和特征；三是结合社会-技术转型 MLP 理论，分析陕西省能源系统的构成要素和构成主体以及构成要素和主体的相互作用，并运用程序化扎根理论方法对陕西省能源系统低碳驱动因素进行选择识别，从而构建陕西省能源系统低碳转型驱动因素机制模型；四是通过模糊集定性比较分析方法，运用 fsQCA3.0 软件检验前述理论机制模型，进一步明确陕西省能源系统低碳转型驱动机制；五是基于研究结论，结合陕西省能源转型实际，提出推动陕西省能源系统低碳转型的政策建议。

1.4.2 研究方法

首先，从社会-技术转型 MLP 出发，以陕西省能源系统为分析对象，在对陕西省能源系统低碳转型的历程、现状和特征进行系统梳理的基础上，基于MLP分析框架，系统阐释了陕西省能源社会-技术系统的构成要素、构成主体及其相互作用，并分析了MLP下陕西省能源系统的演进过程；其次，运用程序化扎根理论分析方法，构建了MLP下陕西省能源系统低碳转型驱动机制的理论模型，并在此基础上，进一步运用模糊集定性比较分析方法，对构建的理论模型进行验证性分析；最后，运用MAMCA方法，综合考虑陕西省能源系统多元主体的利益诉求，形成了陕西省能源系统低碳转型的未来路径。

1.5 创新之处

（1）从新的理论视角研究能源系统低碳转型问题

在环境保护、经济增长和能源安全的多重约束下，在碳达峰碳中和目标的倒逼下，中国面临的能源转型并非简单的主导能源更迭，而是整个能源系统的颠覆性变革，这是一项复杂的系统工程。社会-技术转型MLP，以复杂的社会-技术系统为对象，从系统整体角度关注社会-技术系统多个层级的复杂并发作用对系统整体变革与创新的综合作用。基于此，本研究将社会-技术转型理论与中国的能源转型实践相结合，从社会-技术转型MLP出发，以中国能源系统为研究对象，基于社会-技术分析范式，将技术、经济以外的制度、政策、政治压力、社会矛盾等社会层面的因素纳入分析框架，从社会-技术系统景观层、体制层和利基层三个层级，探寻驱动我国能源系统低碳转型的多重因素及其作用机理。

（2）以省域层面的能源系统为研究对象

我国幅员辽阔，区域跨度大，不同区域在能源资源禀赋、气候环境条件、产业结构、经济技术基础等方面差异明显，这就决定了我国内部不同区域推进能源转型的路径有所不同。基于此，本研究以能源大省陕西省的能源系统为分析对象，结合陕西省能源系统的特点及转型发展实际，研究探讨陕西省能源系统低碳转型驱动机制及实现路径，以期加快推动陕西省能源系统低碳转型，并为其他省域的能源转型提供理论依据和决策参考。

（3）以案例为导向，综合运用扎根理论分析方法、模糊集定性比较分析方法和 MAMCA 方法开展研究

首先，运用扎根理论分析方法，基于陕西省 10 个地级市的案例资料，进行驱动因素识别和理论模型构建。扎根理论分析方法是一种自下而上探索性地开展理论建构的方法，该方法注重从现实资料本身入手，深入理解与分析资料内容，在分析资料的过程中实现资料与资料、理论与理论的对话，从而实现现实资料的体系化与理论化归纳整理，并在此过程中提炼概念类属、构建理论框架。扎根理论分析方法解决了传统定性分析的研究结论缺乏说服力且理论意义和现实贡献不足等问题。其次，运用模糊集定性比较分析方法，基于多案例比较分析，深刻揭示各驱动因素（条件）与陕西省能源系统低碳转型这一结果要素之间多因诱致、多重并发的因果关系，从而明晰驱动陕西省能源系统低碳转型的多元因素组态（条件组合）。模糊集定性比较分析方法以案例为对象，能够最大限度地利用案例中包含的丰富信息和质性数据资料，有效揭示蕴含在案例中的复杂因果联系。而且，模糊集定性比较分析方法能够弥补传统研究范式中单独检验自变量对因变量直接影响的缺陷，更加全面地揭示影响能源系统转型的条件要素及其组合，从而更加完整地展现能源系统转型的驱动机制及其特征。最后，运用 MAMCA 方法，综合考虑陕西省能源系统多元主体的利益诉求，构建推动陕西省能源系统低碳转型的可行路径。MAMCA 方法是有效解决社会-技术系统中多角色多准则之间立场冲突，提供一致解决方案的决策评估方法。MAMCA 方法纳入了不同利益相关者的观点，能够处理各种类型的信息和数据，允许在评估过程中使用不同的值形式（包括非数字或非货币形式）。

第2章

相关概念、理论及研究方法

与本研究相关的概念主要包括可持续转型、社会-技术转型、能源转型、能源低碳转型、能源系统转型等，本章主要按照由浅入深逐层推进的逻辑顺序对上述概念进行解释和说明。另外，本研究主要基于社会-技术转型 MLP 理论、组态理论、低碳经济理论和区位理论（Location Theory）展开，具体分析论证主要采用程序化扎根理论分析方法、模糊集定性比较分析方法和 MAMCA 方法，因此，本章也对上述理论和研究方法进行简要梳理。

2.1 核心概念

2.1.1 可持续转型与社会-技术转型

当前，不可持续的消费和生产模式引发了持续性的环境与气候问题，如气候变化、生物多样性丧失、资源枯竭等，这些问题已成为全球面临的巨大挑战。要从根本上解决这些问题，需要将环境负担下降到原来的 1/5。迫于以上资源与环境问题，多个国家做出了“2050 年前，温室气体排放量相比于 1990 年要减少 50%甚至 80%”的具体承诺。这就要求各国必须面向环境、经济与社会的可持续发展推动系统性变革，而这种面向可持续发展的系统性变革，很难在短期内通过技术改进、结构调整、市场机制改革等单一性的、渐进性的方式实现，必须将技术以外的社会因素纳入分析框架，以新的方式推动系统整体的变革与创新。

社会-技术转型，也称为“社会-技术系统的可持续转型”。社会-技术转型基于社会-技术分析范式，将技术因素及技术以外的社会因素统一纳入分析框架，从系统整体视角出发，以系统整体的创新为目标，考虑多重要素、多元主体的复杂并发作用对系统创新的综合影响，以实现社会-技术系统从技术、制度、组织、文化、行为准则等方面发生根本性转变，从而形成生产和消费模式的可持续发展（Dosi，1982）。因此，社会-技术转型，即社会-技术系统的可持续转型，以复杂的社会-技术系统为对象，以社会-技术系统整体创新与变革并最终实现特定的社会功能为目标，是一个包含多个参与主体、多种构成要素，涉及多个层面、多种路径、多种模式和多个阶段的长期演化过程。

2.1.2 能源转型

1982 年，德国应用生态学研究所出版《能源转型：没有石油与铀的增长与繁荣》，首次提出“能源转型”一词。对于能源转型，目前学术界尚未形成统一的定义。在能源经济学中，能源转型是用来考察一国或地区能源史发展脉络的概念。纵观人类发展历史，目前人类已经依次经历了木柴秸秆时代、煤炭时代和石油时代，因此，学者在此基础上主要从三个角度定义能源转型。一是能源形态的转变，即能源转型是从一种能源形态转变为另一种能源形态的过程。在人类整个能源资源的发展过程中，全球主导能源从形态上来看由最初的固态转变为液态，后又转变为气态。二是能源结构的变化，即能源转型是能源结构中占据主要地位的能源不断被另一种能源取代的过程。三是能源技术的提高，即能源转型是新的能源技术不断运用于能源消费的过程。不论学者从何种角度定义能源转型，都蕴含着能源转型最本质和最核心的思想，即主导能源的更替。

综上所述，本研究将能源转型定义为随着社会的发展以及技术的进步，人类使用的主导能源不断被替代的过程。

2.1.3 能源低碳转型

相比于能源转型，能源低碳转型更多的是对能源转型特征的概括和总结。从人类历史来看，主导能源种类经历了由秸秆、木柴等生物质能转变为煤炭，再由煤炭转变为石油和天然气两次重大转变；主导能源的化学元素含量中的碳元素比例不断减少，而氢元素的比例逐步增加，从而呈现出降碳化的特征（马丽梅等，2018）。当前，全球正处在第三次重大能源转型阶段，从实践经验来看，降碳化的特征体现得越发明显。不同的国家在考虑自身的核心动机和资源禀赋后实行了不同的能源转型策略，如重视气候变化但自身油气资源匮乏的国家往往会提倡发展可再生能源，油气资源比较富足的国家会更多地支撑天然气的增长（范英、衣博文，2021）；重视能源安全的国家在油气资源富足的情况下一般倾向于发展清洁能源（朱彤，2016），在能源资源匮乏的情况下则以天然气和煤炭共同作为过渡能源（范英、衣博文，2021）。无论采用何种能源转型策略，其降碳的内涵特征和方向都是不变的。

综上所述，本研究中能源转型等同于能源低碳转型。

2.1.4 能源系统转型

能源系统是一个可以实现某种特定功能的社会-技术系统。能源系统既是一种社会系统，包括与能源相联系的组织网络和社会要素，如政府、企业、消费者、法律法规、偏好、文化等（刘平阔等，2019），也是一种技术系统，包括系统运行必需的技术知识体系以及相关的物理设施（Geels，2005）。因此，能源系统更加强调多个层面的转型，往往涉及技术、产业、市场、政策、文化和社会等层面的同步推进，还会涉及系统中各个主体的协同调整和跟进。因此，能源系统转型本质上是一种社会-技术转型，是能源系统涉及的各个社会-技术层面，在保证系统稳定运行的情况下逐渐完成的根本性转变。

综上所述，本研究中能源系统转型等同于能源系统的社会-技术转型。

2.2 相关理论

2.2.1 社会-技术转型 MLP 理论

自 20 世纪 70 年代起，如何实现可持续发展问题受到全球学术界的高度重视，国内外学者围绕这一问题的深度思考和讨论也日渐升温，并由此构建了两种不同的分析框架，即寻找解决方案的问题框架和根植于理论方法的解析框架（Smith et al.，2010）。所谓问题框架，是以问题和解决方案为基础，将生态环境问题与可持续发展割裂，采用价格信号和经济刺激等强调静态、均衡的手段调节两者之间的矛盾。这一研究思路逐渐发展形成了新古典主义环境经济学。

随着经济的持续增长和发展，资源环境问题和经济发展之间的矛盾日益突出并越发激烈。面对上述矛盾，主张寻找解决方案的问题框架逐渐丧失了解决问题的能力。解析框架逐渐成为解决环境问题和经济发展之间矛盾的主要力量。该框架以动态、非均衡为特征，主张社会经济体内部多主体、多要素之间的相互竞争、相互依存和相互成长。解析框架以理论方法为基础寻找解决问题的方案，在发展演进的过程中，不断吸收制度理论、演化经济学等多学科的理论成果，形成了环境治理的演化创新视角。随着解析框架的日益发展和演进，演化经济学和制度理论成为其主要的理论基础，社会-技术转型 MLP 就是在这一背景下形成的。

社会-技术转型 MLP 综合了演化经济学、创新社会学和制度理论的观点（Geels and Schot，2007；Geels，2010），提供了一种解决稳定与变革并存问题的综合方法。

2.2.2 组态理论与定性比较分析方法

系统科学的问世使西方长期主导的研究范式逐步从还原论转向整体论。在这种研究范式的大变革下，学者开始反思一个问题：单一要素能否在社会现象形成过程中不受其他要素影响而独立地发挥作用?对此，现实情况给出的答案是否定的，某种社会现象的出现往往源于多种原因或条件，且多种原因或条件之间常常是相互依赖且无法割裂的。为了更好地理解和解释这种现象，需要采用系统化、整体化的思维方式将诸多条件（要素）和结果视作一种组态现象（杜运、贾良定，2017），建立起组态思维。

组态理论（Configurational Theory）的核心概念是 Configuration，有学者将其翻译成“组态”，如杜运周和贾良定（2017）；有学者将其翻译成“构型”，如张弛、郑晓杰和王凤彬（2017）；也有学者将其翻译成“架构”，如王凤彬、江鸿、王璁（2014），寿柯炎、魏江、刘洋（2018）。总体而言，构型和架构属于直译；组态更加形象，与定性比较分析的集合概念也更加贴近。这里所说的组态，其实就是一种整体性、系统性的研究视角。所谓组态，是指任何共同发生的、概念上可区分的特征所构成的多维度特征群。组态分析采取整体和系统的分析思路，其具有的多维度、整体性特征使其具有分析战略管理等问题的优势。在这种思路下，产生同一结果的方案（路径）是多样的和等效的，不存在唯一的最佳战略。

组态理论根植于系统思想，关注系统内部各组成部分相互关联的组合方式与共同的作用方向，最早被应用于战略管理领域。基于组态理论的研究不提出假设、不设想某个组态会带来最优的结果，而是以复杂因果关系为基础，认为多个因素并发形成的多种高阶条件组态可能对结果产生相同的作用效果，具有探索性质。而传统还原论思想中独立分析各要素的方法已不再适用于组态问题，因此，需要基于整体论思想，重新构建适用于组态分析的研究方法。在此背景下，突破了定量方法的局限性的定性与定量相结合的研究方法——定性比较分析（Qualitative Comparative Analysis，QCA）方法应运而生。

QCA 方法的第一次应用出现在美国社会学家查尔斯·拉金（Charles C. Ragin）等在 1984 年发表于《美国社会学评论》（*American Sociological*

Review）上，有关就业歧视和歧视程度评估的研究论文中。1987 年，《比较方法：超越定性和定量策略》一书出版，对定性比较分析方法进行了详尽的细化和完善。该书的主旨是发展出一套新的研究方法，可以让研究者将案例导向型的定性分析方法和变量导向型的定量研究方法相结合，进而实现“将定量和定性的最优特性进行有机整合”。2007 年，Fiss 对 QCA 方法及其与战略研究的可能结合做了分析，开启了定性比较分析方法在战略等组织管理研究领域的应用。2009 年，Ragin 和 Riboux 共同出版《QCA 设计原理与应用：超越定性与定量研究的新方法》。QCA 方法采取整体（holistic）的视角，开展案例层面（Case-oriented）的多案例比较分析，每个案例都被视为条件变量的“组态”。可以说，定性比较分析方法是产生于 20 世纪 80 年代，一种针对中小样本案例的研究方法。经过 40 年的发展，这一方法已经被广泛应用于政治学、经济学、社会学研究中。作为一种案例导向型的研究方法，定性比较分析方法以集合和布尔代数等技术手段为基础，旨在融合定性和定量研究方法的优势。其定量特性体现在测量每个要素的值从而决定个案在集合中的得分，其定性特性体现在成员得分决定了相应个案是否隶属于某个集合。定性比较分析方法关注多个原因或条件与某个特定结果之间的复杂因果关系，旨在找到能够导致特定结果的多种条件组合。定性比较分析方法在中小规模案例分析中具有突出优势。

2.2.3　低碳经济理论

“低碳经济”一词最早出现在 2003 年英国能源白皮书《我们能源的未来：创建低碳经济》中。低碳经济是通过消耗更少的自然资源和产生更少的环境污染，获得更多经济产出的经济发展方式，是以低能耗、低污染为基础的绿色生态经济（马丽梅、史丹、裴庆冰，2018）。关于低碳经济的内涵，国际上尚未形成严格且统一的定义（付加锋、庄贵阳、高庆先，2018；潘家华、黄承梁、李萌，2017）。2009 年，中国环境与发展国际合作委员会发布《中国发展低碳经济途径研究》，指出低碳经济是一个新的经济、技术和社会体系，相比于传统经济体系，低碳经济不仅能在生产和消费中节省能源，从而减少大气环境污染，还能保持经济和社会的快速发展势头。

长期以来，国内外学者对低碳经济的内涵进行了探索，并积极推动低碳经济理论发展。低碳经济是一个包含社会、经济、生态环境等多个方面的综合性、全局性概念（张航燕、史丹，2020），是经济社会发展的必然要求，也是人类调节自身活动进而适应地球生态系统的战略性选择（张文华等，2021）。低碳经济的发展以全球各国互相合作为根本保障，以技术进步作为实现其核心目标的基本手段，提高能源效率、降低二氧化碳强度，从而实现经济、社会的可持续发展。低碳经济是相较于高碳经济来说的，其实质是通过技术进步、提高能效、优化能源结构等方式，尽可能地减少煤炭、石油等高碳能源的使用，增加可再生能源等低碳能源或清洁能源的比重，从而减少二氧化碳的排放。

2.2.4　区位理论

区位理论是关于人类活动的空间分布及其空间中的相互关系的学说。具体地讲，区位理论是研究人类经济行为的空间区位选择及一定空间内经济活动优化组合的理论。迄今为止，区位理论大致经历了三个时期。第一个是古典区位理论时期。古典区位理论中最具代表性的是农业区位理论，代表人物为 J. H. V. Thunen；工业区位理论次之，代表人物为 A. Weber。农业区位理论证明了距离是农业生产在选址时的主要考虑因素，而工业区位理论则将劳动力和运输成本等因素考虑进来，认为除了距离之外，劳动力和运输成本等因素同样对厂商选址具有显著影响。第二个是近代区位理论时期。近代区位理论的代表人物是 Christaller 和 Losch。Christaller 提出了中心地理论，为市场范围的选择提供了理论基础；Losch 则在中心地理论基础上进一步提出并构建了市场网络模型，极大地促进了区域经济理论发展（徐阳、苏兵，2012）。第三个是现代区位理论时期。现代区位理论的代表人物是 Krugman，他提出的中心-外围模型完善了传统区域经济学的分析框架。区位实质上是指某事物所处的场所或者占据的位置（张文忠，2000）。因此，区位理论将空间因素加入对经济活动的分析和研究中，就如同勒施表达的那样，只有不同地方的事物才会显示出其特殊性（勒施，1995）。换句话说，“一定的经济活动为何会在一定的地方出现”是区位理论研究的基本问题。因此，同一经济活动在不同的地理位置可能会存在截然不同的原因及结果（魏伟忠、张旭昆，2005）。

综上所述，不论区位理论如何发展，其核心思想都是相同的，即“不同区域的事物对于同一经济活动的影响是有差异的”。本研究从省域层面入手，结合陕西省的能源系统及其转型发展实际，研究探讨能源系统低碳转型的驱动机制及实现路径，主要受到了区位理论的启发。

2.3 主要研究方法

2.3.1 程序化扎根理论分析方法

（1）扎根理论分析方法概述

扎根理论分析方法是一种基于案例资料的定性研究方法，其认为成熟的、具有解释力的理论难以通过演绎推理直接得到并通过假设检验得以验证，从而认为所有理论都源于现实世界的案例资料。扎根理论分析方法的目的是构建接近实际世界、具有解释力的理论，而不是验证理论。扎根理论分析方法的基本原理在于，从现实世界中的实际资料出发，摒弃既定的概念和个人偏见，深度挖掘资料本身的含义与状态，通过对原始资料的概念化和抽象化分析，提炼出反映社会现象的核心概念，再通过不断对相关资料进行对比分析，发展出范畴及范畴之间的关联，从而以核心概念和范畴之间的联系为桥梁建构理论，最终形成具有解释力的理论。扎根理论分析方法是通过对现象的归纳、提炼和抽象构建新的概念和理论的一种质性研究方法。扎根理论分析方法适用于现有理论体系存在空白、难以通过已有理论有效解释实际现象的问题领域，现已广泛运用到关键因素甄别、作用机理发掘和现象成因分析等研究领域（曾月明、许素，2019）。

扎根理论分析方法不同于传统的量化实证研究方法。量化实证研究方法需要在现有理论的基础上提出理论假设，之后根据理论假设做进一步的经验验证；扎根理论分析方法是一种自下而上的归纳式研究方法，其不需要理论假设，而是直接从现实资料中进行经验概括和抽象，从而升华为理论。扎根理论分析方法能够克服传统定性研究方法存在的如下不足：一是缺乏规范的方法论支持和标准化分析程序，二是归纳出的理论模型难以跟踪检验，三是得出的研究结论说服力不强（张敬伟、马东俊，2009）。

随着扎根理论的不断发展和完善，逐渐形成了三个流派：一是以Glaser为代表的经典扎根理论流派，二是以Strauss为代表的程序化扎根理论流派，三是以Charmaz为代表的建构型扎根理论流派。其中，程序化扎根理论凭借操作性较强的三级编码流程，在管理学、经济学、社会学等领域得到了广泛应用。

（2）程序化扎根理论分析方法的基本原理

程序化扎根理论分析方法是一种通过三级编码分析程序，逐步提炼出相关概念类属，从而构建与完善理论框架的定性研究方法。这里所说的“三级编码”包括环环相扣的三个环节，即开放性编码、主轴性编码和选择性编码。首先，从对原始数据的描述中抽取概念，此为一级编码；其次，对上述描述进行分类，以获得归类范畴，此为二级编码；最后，建立上述形成的分类之间的联系，以获得概念网络，此为三级编码。程序化扎根理论分析方法的编码流程如图2-1所示。

第一步：开放性编码。开放性编码首先需要将收集到的资料打散，通过定义现象进行分类；其次对现象进行不断的比较，以归纳出能够描述现象的概念；最后将归纳出的概念进一步范畴化。因此，开放性编码具体包括概念化和范畴化两个环节。所谓概念化，就是将原始资料“揉碎”“拆分”，将原始资料想要表达的最深层含义和内容展现出来（Miles and Huberman，1994），然后对这些含义和内容进行标签化处理，并将标签整合为高层次概念。所谓范畴化，就是基于上述概念间的逻辑关系，确定概念对应的范畴。这里的范畴其实是一组概念，如果某些概念只涉及同一现象，就可以把这些概念聚拢为一组，这时就需要一个层次更高、更加抽象的概念进行统摄，这种概念即范畴。另外，也可以将范畴理解为涉及同一现象、具有强逻辑关联的若干初始概念的集合。

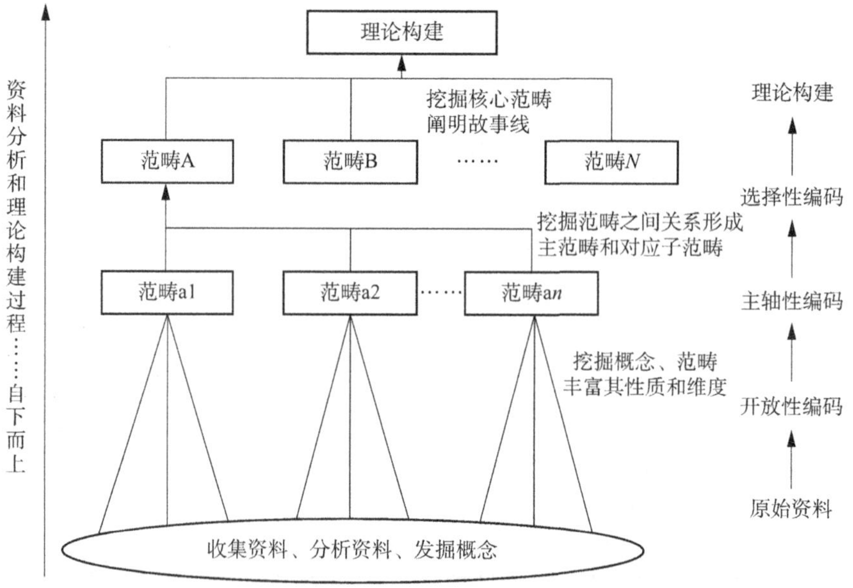

图 2-1　程序化扎根理论分析方法的编码流程

第二步：主轴性编码。主轴性编码又称“轴心编码”，就是在开放性编码分析结果的基础上，寻找范畴之间以及范畴和概念之间的内在关联，将对应范畴进行归并处理，最终形成抽象性更强、概念化程度更高的新范畴的过程，得到的新范畴称为“主范畴”。主轴性编码阶段的主要任务：一是建立概念和范畴之间的联系，二是分辨出主范畴，三是通过主范畴把握事件的发展脉络。

第三步：选择性编码。选择性编码又称“核心编码”，指在已发现的概念范畴中进一步进行系统分析，选择一个核心范畴，从而将分析集中到那些与该核心范畴有关的代码、概念和范畴之间。也就是说，在通过主轴性编码获得若干主范畴的基础上，进一步通过选择性编码在不同的主范畴之间建立内在联系，并通过反复比对、补充，验证主范畴之间的内在关系（方德斌、董炜、余谦，2016）。这一过程需要对原始资料进行进一步分析，通过专家研讨、小组反复讨论等，在不同的主范畴之间建立联系，并不断进行比对、补充和提炼，最终抽象提炼出能够概括所有主范畴的核心词（短语），即核心范畴。

2.3.2　模糊集定性比较分析（fsQCA）方法

fsQCA 方法通过整合模糊集与真值表发展出了模糊集定性比较分析方法。fsQCA 方法使研究者在进行定性比较分析时，对案例条件和结果的分类不再限定于简单的二元划分，从而极大地拓展了定性比较分析方法的应用范围和适用性。运用 FsQCA 方法进行因果分析，主要包括如下七个步骤。

第一步：案例选择与数据收集。基于案例收集研究数据是该方法的第一步，案例选择需遵循如下基本原则：①所选的案例具有代表性；②案例类型具有多元性；③案例具有阶段确定性结果，即所选案例需要在一定时间段内呈现确定结果；④案例资料具有全面性。

第二步：前因条件的识别与设定。一般可以结合实际观察以及文献分析、因子分析等进行前因条件的识别。比如，关于地方政府的领导重视程度，可以考虑采用两种方式识别：一是领导小组是否由主要领导担任组长；二是主要领导是否出席相关工作会议并发表讲话，可以通过搜索地方政府官网和其他官方新闻确定（王法硕，2019）。

第三步：提炼前因条件，形成集合数据。在识别出前因条件后，需要结合理论与实践分析，将其转换为集合数据。fsQCA 方法将前因条件标定为成员归属度（membership score），这是一个在 0~1 连续变化的模糊集变量。值得注意的是，此处 0~1 的集合归属度变量与传统统计分析中的定距或者定序变量不同，要根据理论和研究需要决定各个前因条件以及被解释结果在各个集合中的标定标准，只将与被解释结果“相关”的差异纳入考虑。根据定性比较分析研究的惯例，前因条件的数量最好控制在 3~8 个

(Rihoux and Ragin，2009)。

第四步：赋值（校准）。在 fsQCA 方法中，赋值区间为 0~1，赋值越高，表示案例隶属度越高。fsQCA 通常采用四分法，即“四值模糊集校准法”（Four-value fuzzy set)，对变量进行赋值（校准）。将条件要素和结果要素按照赋值（校准）标准进行具体赋值后，将会得到条件要素与结果要素的所有组合，即真值表。在进行模糊集赋值（校准）时，一般依据案例在特定条件和结果要素上的隶属度高低将所有案例划分为四个部分，并分别赋值“1、0.67、0.33、0”（也称为“模糊集分数”）。其中，1 表示完全隶属；0 表示完全不隶属；0~1 数值越高，表示案例的隶属度越高。隶属度确定的依据为各案例在不同前因条件和结果上的得分值在总体样本中的相对位置。

第五步：单一条件必要性分析（必要条件分析）。所谓必要条件，是指在所有能够产生被解释结果的条件组合中，必须出现的条件。在运用 fsQCA 方法对条件组合进行分析之前，需要对单个前因条件是否为被解释结果的必要条件进行检测（唐睿、唐世平，2013）。在 fsQCA 方法的必要条件分析中，一般采用一致性（consistency）与覆盖度（coverage）两个指标。必要条件的一致性反映了在多大程度上条件是结果的子集，而必要条件的覆盖度反映了结果在多大程度上与必要条件相关。一致性指标用来衡量单一条件变量对结果变量的解释程度，类似于回归分析中的系数显著度，一般以 0.9 作为临界值，一致性指标大于 0.9 的条件要素被视为必要条件，表明该指标可以独立解释结果变量；一致性指标小于 0.9 表明该指标与其他条件要素一起才能解释结果要素。在有些情况下，一致性临界值也可以放宽到 0.8。将被解释结果分别设定为高、低两个值，在 fsQCA 软件中运行一致性分析，可以得到被解释结果分别为高和低两种情况下各前因条件的一致性得分。覆盖度表示被解释结果被特定路径解释的比例，用于分析除必要条件以外的其他条件要素组合对结果要素的解释程度，类似于回归分析中的 R^2 统计量。覆盖度越高，表明解释度越高。覆盖度指标表示条件组合可以解释的案例数量占总案例数量的比例（王法硕，2019）。

比如，条件组合的覆盖度为0.8，表明研究结果覆盖了案例中80%的样本。

第六步：条件组态的充分性分析（充分条件分析）。条件组态的充分性分析用于判定特定的条件组态在多大程度上是被解释结果的充分条件及其对被解释结果的解释力度，从而形成引致被解释结果的多条路径。在fsQCA软件中，运行真值表运算中的标准分析（standard analysis），可以得到三个方案（或称为“三个解”），即复杂解（complex solution）、简约解（parsimonious solution）和中间解（intermediate solution）。复杂解由于没有简化，所得组态比较复杂，不利于随后的路径分析；简约解由于将简单反事实与复杂反事实分析都纳入简化过程，所得简约解很有可能与现实不符，而且有可能将重要的必要条件精简掉。因此，介于复杂解与简约解之间的中间解（也称“优化解”）更受研究者青睐。

第七步：“反事实”分析及结果报告。如果不对设定的被解释结果进行任何形式的反事实分析，那么得出的往往是“复杂解”，为了简化筛选出来的条件组态，需要结合理论干预假设和经验判断，进行反事实分析，使求出的解在复杂程度上有所降低，从而得出简约解和中间解，并区分核心条件和边缘条件。这里，核心条件是指对结果产生重要影响的条件，边缘条件是指起到辅助作用的条件。结合反事实分析，通过中间解和简约解，可以解释相关条件在产生结果的过程中是核心条件还是边缘条件：简约解和中间解中共同包含的条件为核心条件，仅在中间解中出现的条件为边缘条件。fsQCA一般以中间解为依据，导出引致特定结果的若干前因条件，以其代表具有结果等效性的多种路径。

2.3.3　MAMCA方法

（1）MAMCA方法概述

MAMCA方法，是有效解决社会-技术系统中多角色多准则之间立场冲突，提供一致解决方案的决策评估方法（Cathy，Laurence，and Lebeau，2012）。与常规评估方法相比，MAMCA方法可进行多个项目的评估、排序与择优选择。该方法在整个评估过程中纳入了多元利益相关者的决策目标，并基于一系列标准对研究问题的许多替代解决方案进行评估和比较，从而确定最佳解决方案（Macharis，Lauriane，and Verlinde，2014）。目前，已有众多学者将MAMCA方法作为可进一步深入研究的决策分析方法，评估过程中涉及多个参与者共同参与决策，并且该方法已在能源、交通、电力系统等多个领域得到了成功应用。这些研究都强调了在选择合适方案对策时涵盖多个利益相关者观点的重要性。MAMCA方法具有以下优点。①纳入了不同利益相关者的观点。MAMCA方法在整个评估过程中允许利益相关者充分参与并进行观点交流，决策者能够以合理和透明的方式考虑特定问题的所有已知方面，从而达成一致观点。②可以处理多种类型的信息和数据输入，允许在评估过程中使用不同的值形式（包括非数字或非货币形式），这与许多其他决策评估方法仅识别定量值的输入不同。③适用于事前决策。

（2）MAMCA方法的操作原理

MAMCA方法包括七个操作步骤，其中，前四个步骤对于完成全面评估至关重要。第一步是针对研究问题确定多种解决方案，可能的替代方案包括一些政策措施、不同的技术支持等。第二步是确定利益相关者，包括政府、企业、非政府组织、个人等。不同利益相关者在组织中拥有不同的利益和关注点，会影响组织决策过程或受到其影响。第三步是基于利益相关者的深入分析，目的是确定每组利益相关者的关键目的（标准）并获得相对权重。根据前三个步骤的交互和循环过程，第四步设置了相对标准、指标和度量工具，根据参与者的不同观点，对每个替代方案进行评级。在此过程中，会为每个标准建立一个或多个指标或属性，具体可以是定量（如价格、碳排放量等）指标，也可以是定性（高/中/低值）指标。第五步是总体排名和分析，为可能的解决方案指定等级，并对不同的处理办法进行进一步的描述。第六步揭示所选替代方案的优缺点，同时，可以执行敏感性分析检验结果的稳定性。第七步是在考虑多个利益相关者不同立场观点的基础上，根据实际执行结果提出针对性建议。

第3章

社会-技术转型MLP：形成背景、理论渊源及构成框架

近年来，逐步形成和发展起来的社会-技术转型理论，已成为解决环境与社会可持续发展问题的主导性理论，并形成了多个理论分支。作为其分支之一的社会-技术转型 MLP 理论，以社会-技术系统整体为分析对象，将社会、政治、文化等因素纳入分析框架，强调通过景观层、体制层和利基层三个层级之间动态、非均衡的协同演化，推动社会-技术系统整体的变革与创新，成为当前理解和推动可持续发展的主流分析框架。为了系统深入地把握这一理论内涵，有效推动大型社会-技术系统的可持续转型，本章首先讨论了社会-技术转型 MLP 的形成背景，从演化经济学、创新社会学、制度理论等多学科角度探讨了其理论渊源；其次针对 Geels 创立并逐步完善的社会-技术转型 MLP 理论模型，系统分析了社会-技术系统宏观、中观和微观三个层级的构成及其特点，并在此基础上，进一步探讨了社会-技术系统通过上述三个层级之间动态的非线性相互作用推动可持续转型的演进过程、阶段特点及表现形式，以期丰富系统创新、可持续发展等理论成果，从而有效指导社会-技术系统的转型实践。

3.1 社会-技术转型 MLP 的形成背景

20 世纪 70 年代以来，学术界关于环境和可持续发展问题的讨论持续存在，并且形成了两种研究框架：一是基于问题和解决方案的问题框架，二是基于理论方法的解析框架。随着人们对环境和可持续发展问题的日益关注和重视，这两种研究框架也得到进一步拓展（Smith et al.，2010）。问题框架始于 20 世纪七八十年代对区域性资源环境问题的考虑，相应形成了以古典经济学和新古典经济学理论为指导的末端技术解决方案，即基于清洁技术的环境治理。古典经济学和新古典经济学等主流经济学理论认为，环境治理与经济发展是分立的，主张运用价格信号、经济刺激等静态方法进行环境治理，并发展形成了新古典主义环境经济学。上述主流经济学理论一般假设企业和个人是理性决策的，对非经济的因素关注较少，将价格作为关键变量，在政策制定方面也主要考虑消除经济方面的障碍，如信息不对称、交易成本等问题。不仅如此，主流经济学对于创新过程、政策支持的有效方式等问题，也较少涉及。因此，主流经济学理论在一定程度上限制了激进式创新的形成、扩散和突破以及人们对社会-技术系统转型的理解。

随着全球性资源环境问题日益爆发且愈演愈烈，可持续发展、生态系统、系统创新等成为学术和实践领域关注的热点问题。由此以动态、非均衡为特征，主张经济体内部不同个体和要素之间竞争、依存、成长，关注变革、学习、创造的演化经济学和制度理论成为解决上述问题的主导性理论，并形成了环境创新的演化视角。社会-技术转型 MLP 就是在这一背景下形成的，可以说，根植于演化经济学的社会-技术转型 MLP，为新古典主义环境经济学观点提供了有益的修正。20 世纪 70 年代以来环境与可持续发展问题及其研究框架的变迁如表 3-1 所示。

表 3-1 20 世纪 70 年代以来环境与可持续发展问题及其研究框架的变迁

发展阶段	主要问题	解决方案	行为主体	理论基础	政策框架	政策工具
20 世纪 70 年代	区域性环境问题	末端解决方案	企业、政策制定者	古典经济学	静态的经济与环境法	自上而下的规制和标准
20 世纪 80 年代	污染、浪费、负外部性	污染控制、环境管理等	企业、工程师、管理者、政策制定者	新古典环境经济学、产业生态学	渐进性变革和重新设计，减少现有产品和流程的外部性	价格信号、经济刺激
20 世纪 90 年代	全球性环境问题	绿色产品、生态创新、生态现代化	部门、产业、政策制定者、高校	演化经济学、创新研究、商业研究	可持续发展	研发环境和条件调整

续表

发展阶段	主要问题	解决方案	行为主体	理论基础	政策框架	政策工具
2000年以来	全球性环境问题	系统创新、可持续转型、可持续生产和消费	企业、消费者、公民社会、媒体、政治家、专家	演化经济学、制度理论、创新社会学等	结构变革、转型	使命导向的创新政策，绿色增长及监管等

资料来源：SMITH A.，Voβ JAN-PETER，GRIN J. Innovation studies and sustainability transitions：the allure of the multi-level perspective and its challenges [J]. Reearch Policy，2010（39）：435-448。

3.2 社会-技术转型 MLP 的理论渊源

社会-技术转型 MLP 综合了演化经济学、创新社会学和制度理论的观点（Geels and Schot，2007；Geels，2010），提供了一种解决稳定与变革并存问题的综合方法。一方面，现有社会-技术系统的特点是稳定性、锁定性和路径依赖性，这会导致社会-技术系统沿着可预测的轨迹发生增量变化；另一方面，激进式创新不断地提出、尝试和发展新事物，会促使社会-技术系统突破原轨迹，实现跃迁式发展。

3.2.1 演化经济学

演化经济学从动态、演化的角度看待经济和技术变迁，以达尔文进化论的三种机制（遗传、变异和选择）作为基本分析框架。演化经济学强调惯例、创新和模仿在经济演化中的作用，以及时间、历史等因素在经济演化中的地位，认为经济演化是一个不可逆的过程；还强调经济变迁的路径依赖及变迁过程中不确定性因素的影响。熊彼特借助西蒙"有限理性"概念对创新过程开展的研究使演化经济学真正成为一个独立的理论分支。

以爱德温·曼斯菲尔德（Edwin Mansfield）、莫尔顿·卡曼（Multon Kaman）、南希·施瓦茨（Nancy Schwartz）等为代表的新熊彼特学派，进一步将创新作为一个存在相互作用的复杂过程进行研究。不同于新古典经济学只是将创新过程看成一个“黑箱”，并不关心“黑箱”内部的运作，新熊彼特学派重视对“黑箱”内部运作机制的揭示，其着眼点在于创新的机制，包括创新的起源、过程和方式等。与新古典学派的总量分析、均衡分析、宏观经济的微观基础分析等不同，新熊彼特学派强调从量变到质变的分析、动态非均衡分析，以及介于宏观与微观之间的产业层面分析。他们认为，创新不仅是科学和技术的创新，还包括制度、组织、社会和政治等众多领域的创新。

新熊彼特学派强调惯例、知识搜索、学习和能力的重要性，各创新主体在不确定和变化着的环境中不断学习、摸索，促使产品和服务发生变化。基于这一理论，市场成为一种选择环境，那些最符合消费者需求的产品将能够生存下来。因此，可以认为变革是变异和选择之间相互作用的结果。

基于演化经济学理论，在特定的社会-技术系统中，现有的技术和主体通常是锁定的，并且对重大变革是抵制的（Unruh，2000；Walker，2000）。因此，部门层面的经济演进具有间断性均衡的动态特征，即长期稳定和渐进性变革会被相对短暂的创造性破坏打断（Schumpeter，1939），激进式创新则往往是造成这种间断性的重要因素（Christensen，1997）。

3.2.2 创新社会学

技术在现代社会中是普遍存在的，可以说，人们日常生活的众多方面（如电力系统、运输系统、食品系统、建筑系统等）都是人类设计和管理的结果。创新社会学认为，创新是一个有着不同观点和兴趣的多元主体（如研究者、设计师、工程师、企业、消费者、决策者、非政府组织、中介和媒体等）之间密切互动的社会过程。激进式创新的形成及其向市场和社会的扩散与传播，其实是一个争议和谈判的过程（Deuten，Rip and Jelsma，1997），涉及商业、用户、政策、文化环境等多方面的调整和适应。技术的社会建构方法（The Social Construction of Technology Approach）对技术变革的“线性模型”进行批评，认为新的技术产生于相关社会群体的竞争性解释（Bijker et al.，1987）。从这个意义上说，社会-技术转型必然涉及技术、市场、文化、政治等多方面的变革和调整。

3.2.3　制度理论

在大型的社会-技术系统中，各参与主体并不是完全“自由”的，他们的偏好、观念、兴趣和身份等是由不同类型的制度塑造出来的（Powell et al.，1991），而且这些制度经常对参与主体施加同构压力，以稳定现有的制度和做法。另外，制度变革过程通常涉及强大的在任者与新进入者之间的权力斗争（Levy and Egan，2003；Kern，2011）。在任者由于拥有更多的资源、更强大的盟友，且对政策准入和关键位置拥有强力控制，往往具有否决权，通常能够很好地捍卫现状（Lockwood et al.，2017）。因此，新进入者在进行制度变革时，往往需要长时间的社会政治动员才能成功挑战在任者（Battilana，Leca，Boxenhaum，2009）。所以说，社会-技术转型必然涉及制度方面的巨大挑战和变革，其中，文化认知方面的制度是最难改变的，因为人们可能没有注意到它们或不愿改变它们，尤其是在涉及常态化的身份和见解时。

3.3　社会-技术转型 MLP 的构成框架

社会-技术转型 MLP 认为，社会-技术转型是社会、技术、文化、政治、经济等多重发展在三个层级上相互作用的、动态的非线性过程（Geels，2002）。这里的三个层级如下：宏观层面的社会-技术环境，也称“社会-技术景观”；中观层面集合了相关规制和实践的社会-技术制度体系；微观层面有利于激进式创新的保护性空间，也称“创新利基”（Geels，2005；Geels and Schot，2017；Rip and Kemp，1998）。MLP 下的社会-技术转型即上述三个层级之间通过激进式创新涌现，创新形成和稳定，创新扩散和突破，新的社会-技术系统形成、逐步稳定且制度化等四个阶段的非线性相互作用，推动社会-技术系统实现根本性转变的动态过程（Geels et al.，2017）。MLP 下社会-技术系统及其转型的动态过程如图 3-1 所示。

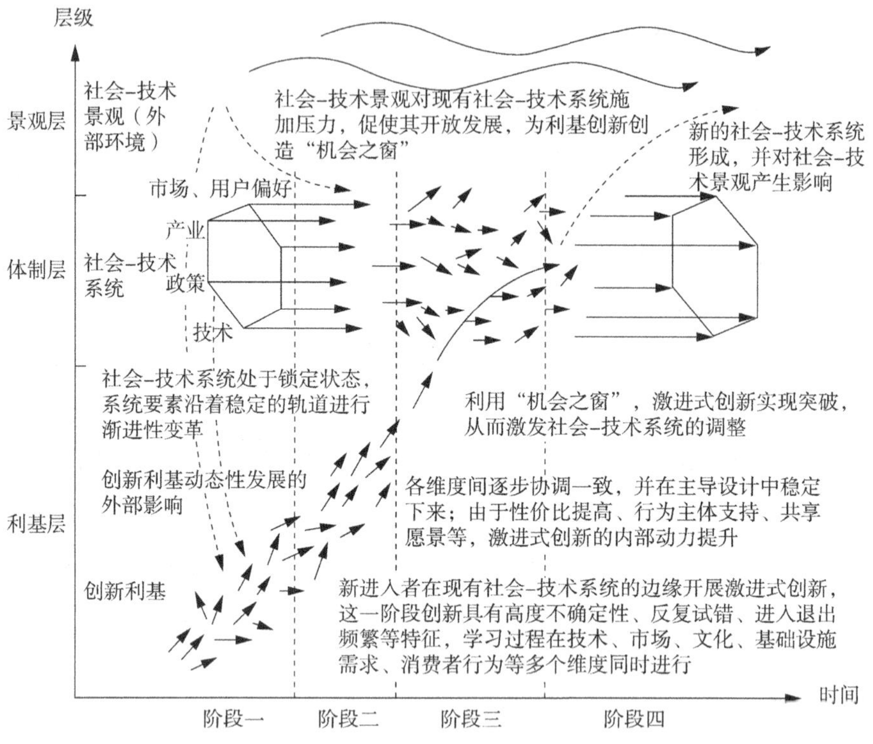

图 3-1　MLP 下社会-技术系统及其转型的动态过程

3.3.1　社会-技术系统多层级的构成

（1）景观层

社会-技术系统景观层是塑造社会-技术系统转型更广泛的外部环境（Geels，2018），经济发展水平、生态环境质量等都属于此范畴。Van Driel 和 Schot（2005）依据景观层因素的变化速度将其划分为三类：人口统计、气候、宏观经济趋势、政治意识形态等缓慢变化的景观层因素，工业化等长期变化的景观层因素，战争、油价波动、衰退、福岛事故或恐怖袭击等事件造成快速外部冲击的景观层因素（Markard，Wirth，and Truffer，

2016）。社会-技术系统景观层具有较强的相对独立性，变化缓慢。转型发生时，社会-技术系统中的行为主体在短期内一般不会对整体的社会-技术景观产生显著影响，但这并不意味着社会-技术景观的发展不需要人工干预，如城市化、全球化、环境治理和文化等的变革均需要通过众多行动的集合实现。景观层一旦发生变化，体制层就会感受到巨大压力，层级稳定性被削弱，创新利基接触“机会窗口”的可能性提高。

（2）体制层

社会-技术系统体制层是在社会-技术系统转型过程中形成并支撑其运行的一个稳定结构，是由技术、市场、用户实践、产业结构、政策等维度构成的、具有强稳定性和关联性的社会-技术体制，是社会-技术系统的核心框架（Smith et al.，2010），具体包括社会-技术布局、社会行为主体以及社会行为规则。社会-技术布局由社会中占主导地位的要素组成，如技术能力、产业规模、市场表现、科学知识等；社会行为主体包括政府机构、消费者、生产者等，可以组成社会群体；社会行为规则分为政策和法规类的正式规则、责任类的规范规则及生活方式与行为方式类的认知规则。社会-技术布局是社会行为主体活动的结果，而社会行为主体的活动又受到一系列社会行为规则的引导。由此可见，体制层是由一系列异质性要素构成的，所有要素都附着在不同的社会群体上，并嵌入制度和规则，体制层一旦形成就会引发锁定效应（lock-in）。体制层中的锁定机制支持着系统的正常运行，具体表现为：相较于新技术，现有体制层中的成熟技术拥有强大的价格优势，能够持续稳定地创造收益，弥补沉没成本，进而使体制层中出现经济锁定；消费者和生产者由于长期接触体制层中的特定技术，在认知和实践中产生了一定程度的依赖，进而使体制层中出现社会锁定；既得利益者的强力抵制以及偏向现任者的政策法律环境，共同导致体制层中出现政治锁定。体制层中的锁定效应和路径依赖限制了激进式创新的空间，使渐进式创新成为体制层中最常见的创新形式（Geels et al.，2017）。

社会-技术制度体系通过现有规制、基础设施和文化之间的互动协调稳定下来，并共享技术知识范式、使用习惯、文化话语、专业惯例等相关规范和制度（Geels，2004）。由于社会-技术制度体系的锁定性和路径依赖性，创新主要是增量式的。在现有的社会-技术制度体系下，虽然创新与变革仍会发生，但其方向和路径相对可预测，从而形成较为稳定的发展轨迹（Dosi，1982）。这里所指的锁定机制主要包括经济锁定机制、社会锁定机制和政治锁定机制。经济锁定机制，如为创造既得利益应对变革形成的沉没投资，以及现有技术具有的价格和功能方面的优势等；社会锁定机制，如认知惯例和共同的思维方式（Nelson and Winter，1982）、由于社会团体之间的协调而产生的“社会资本”，以及稳定特定技术的用户实践和生活方式等；政治锁定机制，如既得利益者对变革的主动强力反对（Geels，2014）、有利于现任者的现有法规和政策网络环境等（Walker，2000）。

（3）利基层

社会-技术系统利基层是为了鼓励创新建立的一种适合激进式创新发展的小环境，又被称为“生态位”或“保护空间”（protectivespace），具体包括研发实验室、享受补贴的示范项目或用户有特殊需求并愿意支持这种创新的小型市场领域（Kemp et al.，1998；Schot and Geels，2008）。在这种环境下，激进式创新作为潜在替代者，可以暂时避免与现有体制层中成熟的被替代者进行直接竞争，具有成长的时间和空间，也提高了借助“机会窗口”进入现有体制层完成替代的可能性。Mokyr（1990）将激进式创新描述为“有希望的怪物”，原因在于早期的发明一般具有相对较差的性能和较高的成本，但它们又是“充满希望的”，因为能够提供某种有价值的功能。演化经济学家将渐进式创新与激进式创新进行区分，认为由于现有的社会-技术制度体系比较稳定，渐进式创新比较常见；激进式创新则相对比较少见，一般在受保护的空间中出现（Schot and Geels，2007）。处在保护性空间中的利基创新主体当然希望他们的创新成果能够应用到现有的社会-技术制度体系中，甚至取而代之。然而，由于现有的社会-技术制度体系具有锁定性和路径依赖特征，激进式创新得到应用并取代现有的社会–技术制度体系并不容易，而且很可能在相当长一段时间内无法实现突破。

MLP 理论分析框架下社会–技术系统中景观层、体制层和利基层的作用过程如图 3–2 所示。景观层发生变化给体制层施加向下的压力，体制层受到压力的挤压，稳定性下降，出现“机会窗口”。与此同时，利基层内部孕育的激进式创新不断发展，积攒力量，逐渐获得了能与现有体制层抗衡的力量，给体制层施加向上的冲击力，进而打破均衡。此时，创新利基借助“机会窗口”进入体制层，形成新的社会–技术系统体制层。

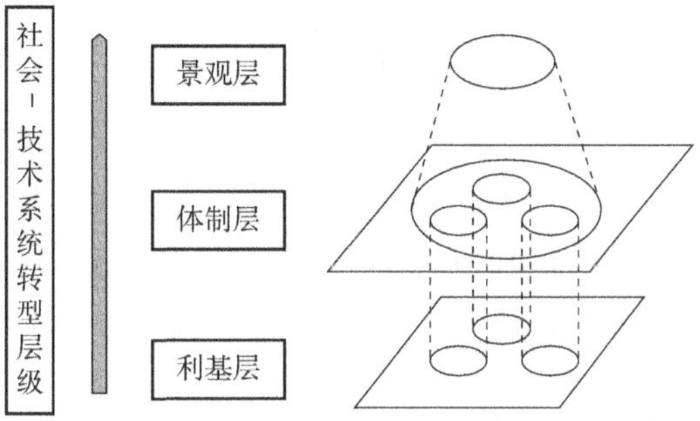

图 3–2　MLP 理论分析框架下社会–技术系统三个层级的作用过程

3.3.2　MLP 下社会–技术转型的动态演进过程

MLP 认为，社会–技术转型源于三个不同层级之间动态的相互作用：首先，由社会–技术利基层形成的激进式创新构建社会–技术转型的内部动力；其次，由社会–技术景观层的缓慢变革对现有的社会–技术制度体系形成压力，从而打破现有社会–技术制度体系的稳定性；最后，不稳定的社会–技术制度体系进一步为创新利基提供“机会窗口”。基于此，社会–技术转型可以划分为激进式创新涌现、创新形成和稳定、广泛扩散和突破、稳定并制度化四个阶段（见图 3–1）。

（1）阶段一：激进式创新涌现

激进式创新通常出现在现有社会–技术制度体系的外围或边缘（Schot，2007）。在这一阶段，创新主体的社会网络非常脆弱、不稳定，并且没有稳定的规则和制度做依托，技术特征、用户偏好、政策、基础设施需求和文化等方面也存在很大的不确定性（Kemp，Schot，and Hoogma，1998）。因此，这一阶段的主要特点是试验和试错性学习（Wilson，2011）。图3-1中左下角的不规则小箭头即表示了这一阶段激进式创新的状态和发展趋势。在这一阶段，消费者是谁、用户偏好是什么以及新技术的最终功能是什么等，都存在较大的不确定性。这一阶段的发展可能需要很长时间，只有当少数先驱者在没有多少关注的情况下提倡变革与创新时，才会出现临界点，从而引发一系列相互竞争的替代方案，然后又会历经长时间的甄别和筛选（NESTA，2013）。在这一阶段，新涌现的激进式创新并不能对那些在制度、组织、经济、文化等方面已经根深蒂固的现有社会-技术制度体系形成威胁，技术、政策、市场和文化等将沿着相对可预测的轨迹进行渐进性变革（如图3-1中阶段二部分由左向右的稳定箭头所示）。

（2）阶段二：创新形成和稳定

经过阶段一试错性的非稳定发展，激进式创新逐步突破了受保护的技术领域，并在一个或多个市场空间立足，这就为社会-技术转型提供了更加可靠的资源流动。基于此，创新逐渐稳定下来，并对新进入者和潜在进入者形成较强的吸引力，规则和社交网络也逐步稳定（如图3-1中阶段二部分的收敛箭头所示）。在此基础上，创新逐步形成特定的发展轨迹，伴随着这一过程，主导设计开始形成，预期和相关规则也更加稳定。这一阶段的学习过程倾向于关注功能和性能而不是成本（Wilson，2011），因为未来的技术性能、消费者需求和价格等的普遍不确定性，使成本效益的衡量难以应用于这一阶段。如果过度依赖财务评估工具，则可能成为“创新杀手”（Christense，Kaufman，and Shih，2008）。

另外，在创新形成和稳定阶段，将会涌现一批新的职业，并形成新的知识体系，它们将进一步改进创新，并争取更多的政策支持。技术稳定和新兴的经济机会又会进一步增强参与者投资的意愿。在这一阶段，可能因为消费者对激进式创新的接纳，将其从完全陌生的事物转化为日常生活中常见的事物，从而使创新发生在用户侧（Lie and Srensen，1996）；但是，这一阶段的创新很可能会受到部分社会群体或民众的反对，这些反对意见可能会导致创新过程中出现争议和僵局，从而阻碍创新的进一步发展，如核能、转基因食品等创新发展过程中出现的一系列问题。如果激进式创新与现有的社会-技术制度体系不相匹配，并且现有的社会-技术制度体系保持稳定，那么激进式创新也许会在相当长时间内难以实现广泛扩散和突破。总之，这一阶段的创新必然会遭遇既得利益者的强烈抵制，从而导致各种各样的斗争（Geels，2014）。

（3）阶段三：广泛扩散和突破

经过前期的积累，创新逐步进入主流市场，并开始与现有技术和更广泛的社会-技术制度体系展开正面竞争。创新的成功扩散和突破取决于内部驱动和外部景观等多方面的动态协同。其中，内部驱动因素包括系统内部的良性循环、性价比的提升、规模经济、互补性技术的开发以及创新主体的支持等。外部社会-技术景观的发展如图 3-1 中阶段三由左向右的分散箭头所示。

阶段三主要表现为激进式创新与现有的社会-技术制度体系在经济、政治、文化、话语权等多个维度上的正面冲突和斗争。经济方面主要表现在新兴技术与现有技术之间、新进入者与在位者之间的斗争。政治方面，社会-技术转型是一个复杂的政治过程，会涉及冲突和斗争，如关于规制、标准、补贴、税收等方面调整的冲突，部门之间关于责任承担和优先事项等方面的斗争。在这个过程中，现任者一般倾向抵制变革，而激进式创新者则努力推动变革。此外，社会-技术转型是一个文化和话语权的斗争过程，它们以某种方式构建问题和提供解决方案，如将核电厂视为低碳能源生产者还是威胁者，不同的社会群体可能有不同的观点和解释，这主要取决于具体的解决方案是如何构建和被赋予内涵的（聂洪光、康鹏，2016）。

需要说明的是，在这一阶段，激进式创新不一定能赢得这场斗争，它们也许无法建立起足够的内部动力或承受各种挫折。因此，“机会之窗”可能不会如期出现，现任者的成功反击可能阻碍或彻底挫败激进式创新的发展。

（4）阶段四：稳定并制度化

在这一阶段，社会-技术系统通过相互竞争的替代方案，实现了社会-技术系统转型。伴随着基础设施、政策、产业、市场基础、生活方式等方面的深远调整，创新被广泛采用，新的社会-技术系统形成并逐渐稳定且制度化。这一阶段以技术替代和用户实践、基础设施、规制、文化等方面更加广泛的社会-技术调整为特征，这些调整和变革又成为使用习惯、专业标准、技术能力、监管规划等新的规制的基础。当然，转型之后形成的新的社会-技术系统在运行中也可能出现意想不到的状况，需要密切监测并在必要时进行调整。值得一提的是，社会-技术系统转型必然会导致部分利益相关者成为潜在的“输家”或“输家”，他们会期望得到一些帮助或补偿，因此应当充分考虑这部分群体的利益，以防止新的社会-技术系统运行中的阻力和抵制问题（Geels et al.，2017）。

3.4 本章小结

本章系统梳理了本研究的核心理论——社会-技术转型 MLP 理论的形成背景、理论渊源及理论框架，对 MLP 下社会-技术系统的多层级构成以及系统整体变革与创新的演进过程进行了分析。

第4章

陕西省能源系统及其低碳转型发展状况

4.1 陕西省的能源资源概况

4.1.1 陕西省的能源资源分布状况

（1）传统化石能源丰富

首先是煤炭资源。陕西省含煤面积 5.7 万平方千米，约占陕西省总面积的 27.7%，主要分布在榆林、延安、铜川、咸阳、渭南、宝鸡等 6 市。陕西省预测煤炭资源量 3800 亿吨，居全国第四位；累计探明储量 1700 亿吨，居全国第三位。陕北地区煤炭资源储量大、品质优、品种全、易开采，现已探明储量 1470 亿吨，占陕西省煤炭探明储量的 80%以上，占全国煤炭探明储量的 11%左右，且大多属于“三低一高”（低硫、低磷、低灰，中高发热量）的优质动力煤和化工用煤。在国家规划重点建设的 13 个大型煤炭基地中，仅陕西省就有神东、陕北和黄陇 3 个基地。其次是石油资源。陕西省石油资源主要分布在陕北地区的榆林、延安两市，区域面积 8 万平方千米，属于特低渗透油田。石油预测资源总量约 40 亿吨，累计探明地质储量 19 亿吨，居全国第五位；累计探明技术可采储量 3.25 亿吨，居全国第六位。最后是天然气资源。陕西省天然气资源主要分布在陕北地区的榆林、延安两市，区域面积 8 万平方千米。天然气预测资源量 11.7 万亿立方米，累计探明地质储量 1.2 万亿立方米，居全国第三位。

（2）可再生能源分布广泛

陕西省的可再生能源主要包括太阳能、风能、生物质能、水能等。首先是太阳能。陕西省太阳能资源较为丰富，应用也最为广泛。陕西省太阳总辐射量为 4100～5600 兆焦/（平方米·年），太阳能资源总储量约为 2.71×10^6 亿千瓦时/年，属太阳能资源高值区；年平均太阳总辐射大于 5040 兆焦/平方米的面积为 4.33 万平方千米，总储能为 6.3×10^5 亿千瓦时/年。陕西省的太阳能资源主要分布在陕北长城沿线和渭北东部地区，其中，陕北长城沿线所占面积为 4.19 万平方千米，对应总储能为 6.1×10^5 亿千瓦时/年；渭北东部地区所占面积为 1362 平方千米，对应总储能 0.2×10^5 亿千瓦时/年。其次是风能。陕西省大部分地区属于风能资源 1 级区；陕北长城沿线的定边中部地区、靖边中部地区，黄河沿线的部分地区及宝鸡凤县小部分地区属于风能资源 2 级区。尤其是陕北定边西部到靖边东部沿长城一带，风力资源丰富，风向稳定，风速较大，且地势较为平坦开阔，适合建设风力发电装备和大型风电场。最后是生物质能和水能。陕西省的生物质能资源总量约折合 3829 万吨标准煤，常年可利用总量约折合 2071 万吨标准煤。其中，秸秆、林业废弃物占可利用总量的 57.3%，约折合 1187 万吨标准煤；畜禽粪便和城镇垃圾占 35.2%，约折合 729 万吨标准煤；薯类、果渣和木本油料占 7.5%，约折合 155 万吨标准煤。从地域分布来看，农作物秸秆、城市垃圾主要分布在关中地区；林业废弃物、木本油料能源林主要分布在陕南地区；果木枝条、薯类作物主要分布在陕北地区。在水能资源方面，陕西省地跨黄河、长江两大流域，水能资源较为丰富。陕西省流域面积在 100 平方千米以上河流理论蕴藏量约 1365 万千瓦，居全国第十三位；水能资源经济可开发量 650 万千瓦以上，技术可开发量 820 万千瓦以上，其中，汉江水系水能资源技术可开发量 303 万千瓦（干流为 210 万千瓦），黄河北干流水能资源技术可开发量 440 万千瓦（陕西省与山西省各占 50%）。

4.1.2 陕西省的能源生产和消费概况

（1）能源生产方面：多元化清洁化的能源供应体系加快构建

一是原煤产能充分释放，优质产能进一步集中。2022 年，陕西省规模以上工业原煤产量在上年 7.00 亿吨的基础上又上新高，达到 7.46 亿吨，同比增长6.6%，增速较上年加快2.7个百分点，月均产量较上年增加382.23万吨，累计拉动全国煤炭产量增长0.9%，较上年提高0.4个百分点。从企业情况来看，2022年，陕西省原煤产量超过200万吨的企业有94家，较上年增加10家，合计产量6.36亿吨，占规模以上原煤产量的85.3%，合计增速为6.3%，拉动陕西省原煤产量增长5.3%。从销售情况来看，陕西省加快完善煤炭跨区域运输通道和集疏运体系建设，增强煤炭跨区域供应保障能力，产供储销体系进一步优化。2022年，陕西省经销企业原煤销往省外量同比增加22.8%。

二是有序推进煤电支撑性建设，清洁能源产业不断壮大。积极稳妥推进碳达峰碳中和任务，必然离不开传统化石能源在转型过渡期的兜底保障作用，更离不开新能源的高速发展及安全可靠替代。能源是碳达峰碳中和的主战场，电力是主力军，新能源则是一支劲旅。近年来，陕西省的电网结构持续优化，电力建设项目加速推进，装机容量不断扩大，“陕电”外送能力进一步加强，新能源发电占比不断提高，电力产业发展迅猛。2022年，陕西省规模以上工业发电量2728.04亿千瓦时，同比增长2.8%，高于全国0.6个百分点。从陕西省能源局提供的装机容量数据来看，2022年，陕西省火电装机容量5064万千瓦、水电388万千瓦、风电1179万千瓦、太阳能发电1489万千瓦，分别较上年增加112万千瓦、39万千瓦、158万千瓦和175万千瓦。从企业数量来看，2022年，陕西省规模以上火力发电企业有173家、水力发电企业有47家、风力发电企业有71家、太阳能发电企业有114家，较2021年分别增加3家、1家、19家和16家。其中，火力发电企业的增加主要源于大型新型发电企业的增多。另外，2022年，陕西省规模以上垃圾焚烧发电、生物质发电企业从无到有，余热余压余气回收量增加。同时，关中散煤治理行动、燃煤锅炉综合整治及超临界、超超临界机组的升级换代，推动了陕西省燃煤机组的蓬勃发展。值得一提的是，2022年，煤电企业以19.1%的占比稳健地供应了陕西省规模以上工业79.9%的发电量，煤电的“压舱石”和“调节器”作用充分显现。从发电量来看，2022年，陕西省规模以上火力、水力、风力、太阳能发电量分别为 2387.58 亿千瓦时、77.86 亿千瓦时、157.16 亿千瓦时和 105.44 亿千瓦时，火力、太阳能发电量较上年分别增长 4.7%和 14.3%，水力、风力发电量较上年分别下降 33.4%和 3.0%；规模以下风力及太阳能发电量分别为 43.14 亿千瓦时和 63.17 亿千瓦时，占全口径风、光发电量比重分别达 21.5%和 37.5%，带动全口径风、光发电量分别增长 13.9%和 19.9%。陕西省加快发展非化石能源，坚持集中式和分布式并举，大力提升风电、光伏发电规模，成效显著。

三是原油供应充足，天然气稳中有升。2022 年以来，陕西省积极推动老油田稳产，加大力度扩建产能，强化居民用气保障，优化天然气使用效率。长庆、延长作为陕西省的主要油气开采企业，积极增储上产，确保油气稳定供应。2022 年，陕西省规模以上工业原油产量 2536.62 万吨，同比下降 0.6%；规模以上工业天然气产量 307.11 亿立方米，同比增长 4.4%。同时，陕西省积极扩大非常规资源勘探开发，致密砂岩气同比增长 7.6%。随着疫情逐渐得到控制，国内成品油需求缓慢恢复。2022 年，陕西省规模以上工业原油加工量 1883.09 万吨，同比增长 3.9%，较同期加快 3.1 个百分点，其中，规模以上工业汽油、柴油产量分别为 701.61 万吨、740.52 万吨，同比分别增长 2.6%和 8.4%。

（2）能源消费方面：电气化、高效化的能源消费体系加快构建

陕西省的能源资源禀赋特点、能源结构等决定了传统化石能源依旧是其能源消费的主要来源。在碳达峰碳中和背景下，化石能源必须发挥稳妥可靠的托底作用，同时，需要对其进行总量控制及减量替代。要加快推动能源消费侧实现电气化、高效化、减量化，从而加快实现碳达峰碳中和的战略目标。

一是煤炭清洁高效利用持续推进。近年来，陕西省积极推动煤炭清洁高效利用工程建设，大力加强煤炭消费转型升级。随着煤制油、煤制烯烃、煤制乙二醇等现代煤化工技术快速发展，2022 年，陕西省规模以上工业初级形态塑料产量同比增长 10.0%，乙烯产量增长 3.6%，精甲醇产量增长 7.6%。煤炭作为工业原料属性越来越突出，2022 年，陕西省规模以

上工业原煤消费量中用于原材料的占比较上年增加。

二是能源加工转换效率持续提高。2022 年，陕西省规模以上工业加工转换总投入较上年增长 7.9%；加工转换总效率达到 78.1%，较上年提高 0.1 个百分点。其中，火力发电投入增长 6.3%，转换效率为 40.8%，较上年下降 0.5 个百分点；供热投入增长 26.7%，转换效率为 82.4%，较上年提高 1.5 个百分点；原煤入洗投入增长 1.9%，转换效率为 97.1%，较上年提高 0.7 个百分点；炼焦投入增长 10.9%，转换效率为 90.9%，较上年下降 2.2 个百分点；炼油投入下降 0.6%，转换效率为 95.9%，较上年提高 4.5 个百分点；煤制油投入增长 44.7%，转换效率为 69.1%，较上年提高 1.4 个百分点。

三是电气化进程持续加快。伴随着经济发展及城镇化进程的日益加快，陕西省在城镇居民采暖、工农业生产、交通运输等领域采取“煤改电”等多种电气化方式推进电能替代工作。陕西省电气化进程持续向前推进，总体呈现稳步提升的趋势。2022 年，陕西省全社会累计用电 2377.94 亿千瓦时，同比增长 6.3%，增速较上年加快 2.8 个百分点。其中，第一产业累计用电 22.30 亿千瓦时，增长 8.8%，增速较上年下降 0.7 个百分点；第二产业用电 1579.96 亿千瓦时，增长 4.6%，增速较上年提高 0.1 个百分点；第三产业用电 434.06 亿千瓦时，增长 6.1%，增速较上年提高 5.2 个百分点。另外，城乡居民生活用电 341.62 亿千瓦时，增长 14.8%，增速较上年提高 12.8 个百分点。

四是六大高耗能行业能源消费量“五增一降”。2022 年，陕西省规模以上工业综合能源消费量同比增长 11.3%。其中，六大高耗能行业综合能源消费量同比增长 13.0%，占规模以上工业能源消费量的 88.3%，成为陕西省工业能源消费的主体。分行业来看，石油、煤炭及其他燃料加工业，化学原料和化学制品制造业，黑色金属冶炼和压延加工业，有色金属冶炼和压延加工业，电力、热力生产和供应业分别比上年增长 22.4%、20.6%、6.2%、24.3%和 5.6%；非金属矿物制品业比上年下降 0.9%。与上年相比，石油、煤炭及其他燃料加工业，黑色金属冶炼和压延加工业，有色金属冶炼和压延加工业增速分别加快 30.9 个、7.5 个、16.7 个百分点。化学原料和化学制品制造业，非金属矿物制品业，电力、热力生产和供应业增速分别下降 2.7 个、6.4 个、5.9 个百分点。

4.1.3 陕西省新能源产业发展状况

新能源一般是指在新技术基础上加以开发利用的可再生能源，包括太阳能、生物质能、风能、地热能、波浪能、洋流能和潮汐能，以及海洋表面与深层之间的热循环等；此外，还有氢能、沼气、酒精、甲醇等。已经得到广泛利用的煤炭、石油、天然气、水能等能源，一般称为“常规能源”。随着常规能源的有限性以及环境问题的日益突出，以环保和可再生为特质的新能源越来越受到各国的重视。在中国可以形成产业的新能源主要包括水能（主要指小型水电站）、风能、生物质能、太阳能、地热能等，是可循环利用的清洁能源。新能源产业的发展既是整个能源供应系统的有效补充，也是环境治理和生态保护的重要措施，还是满足人类社会可持续发展需要的最终能源选择。

陕西省的能源结构非常特殊，传统能源、清洁能源的富集区都在陕北。据统计，陕西省从事风、光新能源发电的企业有 200 多家，具备风能资源开发条件的区域可装机规模在 3500 万千瓦左右，太阳能资源经济技术可开发量 1.1 亿千瓦，其中，榆林的风能、光能等资源总量约占陕西省总量的 70%。目前，陕北—湖北、神府—河北南网、渭南三大新能源基地项目已开工建设，另外两个新能源基地延安和渭南，也正充分发挥各自的资源禀赋优势，大力发展新能源。

（1）榆林市的新能源产业发展状况

作为陕西省的新能源基地之一，榆林市近年来把新能源作为绿色低碳转型、实现碳达峰碳中和目标和培育新支柱产业的关键，不断培育壮大新能源产业，探索清洁低碳发展模式，为高碳城市低碳发展积蓄强大动能。其中，陕北—湖北的±800 千伏特高压直流工程陕西段已全线贯通。这是一条“陕电入鄂”的“空中高速路”，起于陕西省榆林市，止于湖北省武汉市，途经陕西省、山西省、河南省、湖北省，额定输送容量 800 万千瓦，建成投运后，可将陕北风、光资源直送湖北，每年可输送电力 400 亿千瓦时，可替代原煤 1800 万吨。另外，作为榆林市针对氢能产业发展布局的首个项目，榆林华秦氢能产业园正在加快建设。该项目建成后可实现年产 4 万吨的高纯氢气供应，可满足 1 万辆氢燃料电池汽车的用氢需求，实现碳减排 419.2 万吨。

（2）延安市的新能源产业发展状况

延安市也是陕西省重要的新能源产业基地，截至 2022 年底，延安市建成发电装机容量 473 万千瓦，其中，新能源装机容量 333 万千瓦，包括风电 263 万千瓦、光伏 66 万千瓦、生物质发电 4 万千瓦。预计到 2025 年，延安市的新能源装机容量可达到 1845 万千瓦。目前，延安市在建风电项目共有 4 个，装机容量 37 万千瓦；待建风电项目 12 个，装机容量 160 万千瓦。延安市 2023 年陆续开工建设且进展顺利的光伏项目有 12 个，装机容量 160 万千瓦。2022 年 10 月，国家能源局批复了陕皖特高压输电工程配套电源建设方案，明确该通道配套 1100 万千瓦新能源装机，其中风电 350 万千瓦、光伏 750 万千瓦。

（3）渭南市的新能源产业发展状况

近年来，渭南市以实现新能源产业突破发展为目标，加快光伏风电项目规划布局。2021 年 10 月，经渭南市努力争取，国家大型风电光伏基地项目落地渭南市，项目总装机容量 353 万千瓦。其中，单体项目 29 个，总投资 185 亿元。目前，已开工 26 个项目，装机容量 325 万千瓦。基地全面建成后，每年可提供绿色电力 45 亿千瓦时，相当于节约标准煤 136.8 万吨，减排二氧化碳 448.6 万吨。电网送出工程前期工作全面展开。2022 年，渭南市新能源累计装机容量 330.9 万千瓦；可再生能源年发电量 43.61 亿千瓦时，相当于节约标准煤 134.29 万吨，减排二氧化碳 434.69 万吨；非化石能源消费占比 6.7%。渭南市可再生能源产业发展状况良好，可再生能源发电量持续增加，绿色发展转型效果进一步显现。

综上所述，陕西省的能源资源具有如下特征。①煤炭、石油、天然气等传统化石能源仍占据主导地位，以煤炭、石油、天然气作为原料发展能源化工产业，或者通过技术升级等方式推动传统能源的清洁高效利用等，成为主流趋势。②可再生能源主要分布在陕北地区和陕南地区，主要有太阳能、风能、生物质能、水能等。发电是可再生能源利用的主要方式，其中，太阳能发电和风力发电主要分布在陕北地区，水电主要分布在陕南地区。从新能源产业发展状况来看，太阳能发电势头迅猛，一方面，与日照时间有关，相对全国而言，陕西省年太阳总辐射量居较高水平；另一方面，与政策的支持密切相关。

4.2 陕西省能源系统低碳转型的发展历程

2005 年 2 月，中华人民共和国第十届全国人民代表大会常务委员会第十四次会议通过了《中华人民共和国可再生能源法》，并于 2006 年 1 月 1 日起施行。2007 年 12 月，我国第一份能源白皮书《中国的能源状况与政策》出台。另外，在人民数据库中，以“能源转型”“能源低碳转型”“低碳转型”等为关键词，将搜索范围设定为国家政策信息、各地政策信息、《政府工作报告》、历届全国人大资料信息库、全国人民代表大会数据库以及法律法规和《人民日报》等子数据库进行检索，发现国家层面关于能源转型发展的政策文件也是从 2005 年开始的。

基于此，学术界普遍将 2005 年前后作为我国能源转型的元年。如范英和衣博文（2021）在研究我国能源转型问题时，以《中华人民共和国可再生能源法》开始实施的 2006 年为时间起点。陈国平等（2020）在研究新能源的发展问题时也认为，2006 年以后，我国的新能源才开始快速发展。笔者以“能源转型”“能源低碳转型”“低碳转型”等为关键词，在陕西省政府相关网站中进行检索，发现能源转型相关的政策文件基本也是从 2005 年开始的。由此可见，无论是国家层面还是陕西省层面，能源转型实践都是从 2005 年开始的。基于此，本研究以 2005 年为起点，系统梳理陕西省能源转型的政策、历程、特征和现状。

从 2005 年陕西省进行能源低碳转型工作开始，到 2021 年已经有 15 年以上的时间，那么这段时间能源低碳转型经历了怎样的发展过程呢？笔者在陕西省政府网站中以“能源转型”“能源低碳转型”“低碳转型”为关键词，通过政策搜索和梳理发现，陕西省相关内容的政策数量在 2010 年前后、2015 年前后以及 2020 年前后有明显变化。值得一提的是，2006 年、2011 年、2016 年和 2021 年分别是我国“十一五”规划、“十二五”规划、“十三五”规划以及“十四五”规划的起始年份。综上所述，本研究以 2005 年以来我国的五年规划为周期，系统梳理陕西省能源转型的发展历程。

4.2.1　“十一五”时期：加快调整能源结构，新能源产业发展迅猛

在“十一五”时期，我国开始高度重视气候变化带来的影响。为了推动能源低碳转型工作进行，我国在 2006 年的“十一五”规划中提出了 2010 年单位 GDP 能耗比 2005 年降低 20%的发展目标。同年，陕西省“十一五”规划公布，积极响应国家战略，提出在做大做强能源化工产业的同时，积极开发可再生能源和新能源，优化能源结构，推动能源多元化发展。2006 年，陕西省发布的《陕西省中长期科学和技术发展规划纲要（2006—2020 年）》进一步提出以高新技术和先进适用技术改造提升传统产业的发展要求，以提高资源利用效率为核心，提高煤炭、石油等能源化工产品的采收转化效率，同时发展可再生能源，开发新能源相关技术。2008 年，《陕西省“十一五”能源工业发展专项规划》进一步明确，到 2010 年，能源消费中煤炭比重下降 3 个百分点，石油、天然气、水电等清洁能源比重实现较大提高。至此，陕西省确定了煤炭、石油和天然气、电力、能源化工、新能源和可再生能源“五大产业”的发展建设重点。随着《中华人民共和国可再生能源法》的颁布，陕西省也充分认识到自身新能源开发相对滞后。为了实现由能源大省向能源强省转变，2009 年颁布的《陕西省人民政府关于进一步加快新能源发展的若干意见》提出，加快推

进新能源产业建设。陕西省具有良好的光照和风力资源，如陕北、关中部分地区光照充足，陕北长城沿线风资源条件较好，因此形成了着力培育太阳能光伏和风电两大产业链发展的战略，同时，在安康、汉中和商洛等陕南发展水电，最终形成光伏、风电和水电三大产业基地。

“十一五”时期，陕西省加快推进能源转型的工作进程，具体包括以下方面。首先，加快传统能源项目改造，建设现代化煤化工产业。积极推进重大能源基础项目建设，建成大型煤矿 29 个，千万吨级煤矿达到 10 个。石油新增探明储量 9 亿吨，天然气新增探明储量 3983 亿立方米。同时，在电源方面，建成了华电蒲城电厂、大唐渭河热电、神华郭家湾煤矸石电厂。“十一五”时期，陕西省累计电力装机容量 2542 万千瓦。另外，建成投产 60 万吨甲醇、延长醋酸、北元化工 100 万吨聚氯乙烯一期等重大转化项目，基本形成了煤制烯烃、煤制醋酸、煤制芳烃等现代煤化工产业链。其次，积极推进新能源产业发展，加快能源结构由化石能源开发为主向化石能源和非化石能源并存转变。“十一五”时期，陕西省着重建设一批光伏发电项目，其中，华电、国电 30 兆瓦光伏发电项目被列入国家“金太阳”建设工程。2009 年，安康市内汉江干流蜀河电站 27.6 万千瓦、喜河电站 18 万千瓦项目建成投产。2010 年，榆林市定边繁食沟一期、张家山一期、靖边席麻湾、龙州一期等 20 万千瓦风电项目相继建成并投入运营。“十一五”时期，陕西省新能源发电装机建设规模突破 380 万千瓦，投产 272 万千瓦。

4.2.2 “十二五”时期：能源发展注重质量和效率，新能源产业进入质量化发展阶段

“十二五”时期，我国首次提出了非化石能源在一次能源消费中的占比这一重要衡量指标。“十二五”规划提出，2015 年我国非化石能源占一次能源消费比重达 11.4%。相比之下，陕西省“十二五”规划提出的目标有一定放松，即单位 GDP 能源消耗和碳排放相比 2010 年分别降低 16%和 15%。其原因可能是陕西省化石能源丰富，能源化工产业偏多，因此相比

于全国目标更难实现。另外，陕西省在传统能源产业规划中提出要促进化工产业高端化，实现煤油气盐的综合循环利用，同时大力推进煤电一体化、煤化一体化、油炼化一体化，优化能源结构，提高能源转化效率。2012年发布的《陕西省“十二五”循环经济发展规划》进一步提出大力开发洁净煤技术，实施煤炭清洁生产技术，推进煤炭企业节能生产。新能源产业方面，陕西省继续推进新能源产业建设，壮大新能源产业规模，加快陕北百万千瓦风电和太阳能光伏发电基地建设，推进陕南地区水力资源和关中地热资源开发利用。新能源汽车方面，2013年出台的《陕西省人民政府关于贯彻落实国务院节能与新能源汽车产业发展规划的实施意见》，明确提出加强节能与新能源汽车技术研发，加快推动节能与新能源汽车产业化，将陕西省建设成为国家重要的新能源汽车生产基地。

另外，陕西省在能源产业发展方面推进实质性工作。如在传统能源方面，陕西省投资建成了延长靖边煤油气综合利用、中煤榆横60万吨煤制烯烃和未来能源100万吨煤制油等标志性项目，预计分别可增加陕西煤、油、气产量1.21亿吨、720万吨和192亿立方米。2013年，随着甲醇制芳烃工业试验的成功，陕西省在榆林能源化工基地建成了世界首套百万吨煤制芳烃工业示范装置，为煤炭资源的清洁高效深度转化奠定了基础，这是传统能源技术清洁化改造道路上一座重要的里程碑。新能源方面，截至2015年底，陕西省新能源产业投资合计约530亿元，光伏发电、风电及水电等合计装机规模达到745万千瓦。另外，新能源汽车在这一时期飞速发展，依托比亚迪汽车公司、陕汽集团、法士特集团等龙头企业大力推进新能源汽车电池储能技术等关键技术的开发，形成以混合动力汽车、纯电动乘用车、CNG/LNG大马力重卡、油气混合动力重卡、纯电动码头牵引车、新能源道路清扫专用车、混合动力及纯电动客车、法士特商用车混合动力为主的新能源汽车产品体系。截至2015年，陕西省的天然气重卡和混合动力轿车销量全国第一，位于西安市高新区的新能源汽车基地，新能源乘用车销量达到61722辆。

4.2.3 “十三五”时期：更加注重能源安全，新能源产业进入蓄力加速期

随着能源安全、气候变化、生态环境等问题日益凸显，我国在“十三五”时期更加重视能源安全问题。2014 年 6 月，习近平总书记在中央财经领导小组第六次会议上提出“四个革命、一个合作”的能源战略思想，即推动能源消费革命、能源供给革命、能源技术革命、能源体制革命，全方位加强国际合作，实现开放条件下能源安全，为中国能源发展指明方向。在 2016 年公布的“十三五”规划中，我国明确提出 2020 年单位 GDP 二氧化碳排放比 2015 年下降 15%~18%。2017 年颁布的《能源生产和消费革命战略（2016—2030）》提出，到 2030 年，能源消费总量控制在 60 亿吨标准煤以内，非化石能源占能源消费总量比重达到 20%左右，天然气占比达到 15%左右。2020 年，我国在联合国大会上明确提出“2030 年前实现碳达峰、2060 年前实现碳中和”的重大战略目标，即碳达峰碳中和目标。2020 年 12 月，我国在气候雄心峰会中进一步明确，到 2030 年，中国单位 GDP 二氧化碳排放比 2005 年下降 65%以上，非化石能源占一次能源消费比重达到 25%左右。这些表明了我国能源低碳转型的决心和力度，同时也意味着我国已经从单纯重视气候变化转变为更加关注能源安全。

在这一背景下，陕西省“十三五”时期积极实施“优煤、稳油、扩气”的能源发展战略。“优煤”指坚持安全、高效、绿色、集约发展，推进煤炭产业结构优化；“稳油”指提高采收率，稳定原油产量；“扩气”是指坚持常规与非常规资源开发并重，稳步扩大天然气产量。同时，陕西省实施加快传统能源化工产业的升级改造策略。此外，“十三五”时期，陕西省进一步加大传统能源产业转型力度，加快新能源产业的发展速度。2016—2021 年，陕西省共建成能源工业项目 36 个，总投资额达 4375 亿元。如 2016 年，延安市投资建设 800 千伏特高压直流输电工程、2000 万吨原油产能项目和永坪千万吨油煤气资源综合利用项目等重点传统能源项目；榆林规划建设西王寨煤电一体化项目、定边县风电项目等新能源风电项目。同时，陕西省大力推进新能源技术研发，提出了开发干热岩供热、

地热能发电、新能源微电网、氢燃料动力电池和物理储能等全新技术，打造新能源增长点。另外，在“十三五”期间，陕西省实施“百万汽车工程”，力争汽车总量达到100万辆，其中，节能和新能源汽车占比达到60%左右，从而大力推动新能源汽车的发展，这也是陕西省新能源汽车发展的黄金时期。伴随着新能源汽车的发展，陕西省在这一期间大力推进充电桩和充电站的建设。截至2021年底，由陕西智慧车联网平台发布数据可知，陕西省已建成充电站2215座、充电桩3.2万台并接入平台。

4.2.4　“十四五”时期：能源转型迎来发展高潮，机遇与挑战并存

2021年3月，习近平总书记主持召开中央财经委员会第九次会议，强调实现碳达峰碳中和是一场广泛而深刻的经济社会系统性变革，要把碳达峰碳中和纳入生态文明建设整体布局。会议还指出，“十四五”时期是碳达峰的关键期、窗口期。自此，能源低碳转型迎来发展高潮，相关政策和行动方案密集出台。2021年7月，《国家发展改革委、国家能源局关于加快推动新型储能发展的指导意见》（发改能源规〔2021〕1051号）发布，从政策环境、市场机制和技术革新等方面为新型储能快速发展保驾护航。2021年9月，《中共中央、国务院关于完整准确全面贯彻新发展理念做好碳达峰碳中和工作的意见》明确了阶段性的具体目标：到2025年，单位GDP能耗比2020年下降13.5%，单位GDP二氧化碳排放比2020年下降18%，非化石能源消费比重达到20%左右；到2030年，单位GDP能耗大幅下降，单位GDP二氧化碳排放比2005年下降65%以上，非化石能源消费比重达到25%左右，风电、太阳能发电总装机容量达到12亿千瓦以上，二氧化碳排放量达到峰值并实现稳中有降；到2060年，非化石能源消费比重达到80%以上，碳中和目标顺利实现。2021年10月，《国务院关于印发2030年前碳达峰行动方案的通知》（国发〔2021〕23号），进一步明确了重点实施的“碳达峰十大行动”；国家发展改革委、国家能源局等9部门联合印发《“十四五”可再生能源发展规划》（发改能源〔2021〕1445号）。2021年11月，国家能源局、科学技术部印发《“十四五”能源领域

科技创新规划》，提出2025年前能源科技创新的总体目标，围绕先进可再生能源、新型电力系统、安全高效核能、绿色高效化石能源开发利用、能源数字化智能化等方面，确定了集中攻关、示范试验和应用推广任务，制定了技术路线图。2022年1月，国家发展改革委、国家能源局发布《关于完善能源绿色低碳转型体制机制和政策措施的意见》（发改能源〔2022〕206号），从体制机制改革创新和政策保障的角度对能源绿色低碳发展进行系统谋划，提出了促进能源绿色消费的制度和政策体系以及支撑能源供给侧绿色低碳转型的体制机制和政策措施；国家发展改革委、国家能源局印发《“十四五”新型储能发展实施方案》（发改能源〔2022〕209号）、《“十四五”现代能源体系规划》（发改能源〔2022〕210号），前者对“十四五”新型储能发展的重点任务进行了部署，后者明确了“十四五”时期现代能源体系建设的主要目标。2022年3月，国家发展改革委、国家能源局联合印发《氢能产业发展中长期规划（2021—2035年）》。2022年5月，国家发展改革委、国家能源局印发《关于促进新时代新能源高质量发展的实施方案》，对促进新能源高质量发展做了详细部署。2022年9月，国家能源局印发《能源碳达峰碳中和标准化提升行动计划》。2022年11月，国家能源局印发《光伏电站开发建设管理办法》（国能发新能规〔2022〕104号），规范光伏电站开发建设管理，促进光伏发电持续健康高质量发展。

陕西省的“十四五”规划在此基础上增加了非化石能源占能源消费比重达到16%的目标。同时，陕西省进一步强调要加快推动实施绿色低碳发展战略，加快调整能源结构，大力推广先进节能技术，不断提升能源利用效率。

4.3 陕西省能源系统低碳转型的现状

陕西作为能源大省，拥有丰富的矿产资源。据统计，截至2020年，陕西省煤炭产量1763.38亿吨，位居全国第四。除此之外，陕西省的铁矿、盐矿、金矿等储量均位于全国前列。丰富的矿产资源使陕西省形成了以能源化工产业为核心的产业结构，这意味着陕西省很难在短时间内通过大量放弃能源支柱产业快速推动能源转型，因此，陕西省应循序渐进，通过逐渐发展新能源产业、提升传统能源转换效率、建立能源转型政策体系以及改变民众能源消费偏好等，逐步推动能源低碳转型。基于此，本研究重点从煤炭消费总量、能源消费结构、能源生产结构、新能源产业以及能源利用效率五个方面梳理并分析陕西省的能源转型发展现状。

4.3.1　煤炭消费总量持续上升，但增速放缓

2005 年以来，随着经济水平不断提高，城镇化进程不断加快以及人民的生活水平不断提升，陕西省的能源需求处于迅速增长的状态，如图 4-1 所示。从能源消费总量来看，2005 年，陕西省能源消费总量为 5557.77 万吨标准煤，其中，煤炭消费 4305.31 万吨标准煤；2020 年，陕西省能源消费总量为 13512.26 万吨标准煤，是 2005 年的约 2.4 倍，其中，煤炭消费 10168.92 万吨标准煤，是 2005 年的约 2.4 倍。但是，陕西省能源消费总量的增速整体呈现下降的趋势，特别是自 2011 年以来，增速逐年下降。2011 年，陕西省能源消费总量增速为 9.6%，其中，煤炭消费增速为 10.04%；2020 年，陕西省能源总量增速降为 0.25%，其中，煤炭消费增速为 3.74%，增速下降明显。

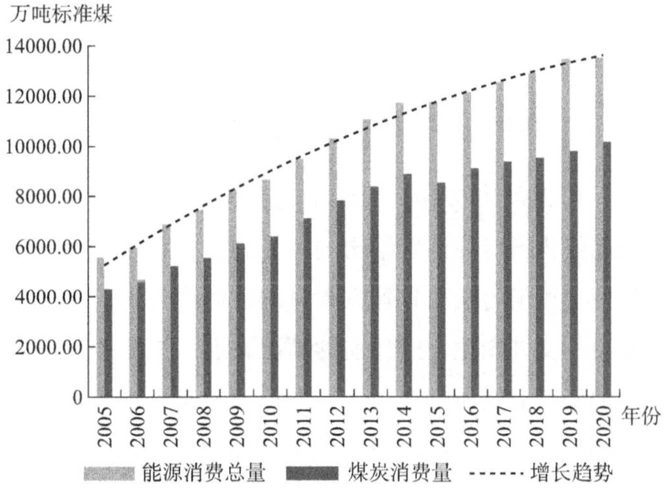

图 4-1　2005—2020 年陕西省能源消费情况

4.3.2 能源消费结构低碳化，但煤炭仍占据能源消费的主导地位

如图 4-2 所示，从具体的能源消费品种来看，随着陕西省能源转型的推进，水电、风电及其他能源发电所占比重不断提高，2005 年为 1.03%；2020 年为 7.91%，比 2005 年提高了 6.88 个百分点。煤炭始终占据能源消费结构的主导地位。自 2005 年能源转型开始，煤炭一直占据能源消费结构 70%以上的份额，并且始终没有明显下降的趋势，所占比重在 75%上下浮动。2020 年，我国能源消费结构中煤炭所占比重为 56.80%，陕西省为 75.20%，远高于我国整体水平。

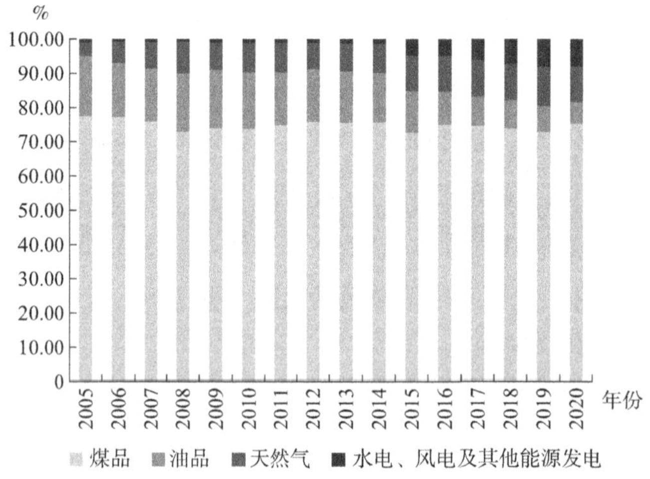

图 4-2 2005—2020 年陕西省能源消费品种及其所占份额

由此可见，自 2005 年以来，虽然水电、风电及其他能源消费占比迅速增加，但煤炭始终占据能源消费结构的主导地位，且占比始终没有明显的变化。究其原因，可能与陕西省拥有大量的能源产业有关。能源产业一直是陕西省最重要的支柱产业，以目前的情况来看，能源产业仍旧会带来大量的化石能源消费，而陕西省完全舍弃能源产业是不现实的，因为舍弃意味着 GDP 迅速下降，并且会带来大量人员失业等社会问题。

4.3.3　能源生产结构趋于多元化，但低碳化趋势仍不明显

如图 4-3 所示，陕西省能源生产结构目前主要由煤炭，石油，天然气，水电、风电及其他能源发电构成，随着能源转型的不断推进，非化石能源占能源生产结构的比重不断提高，由 2005 年的 7.16%提高到 2020 年的 12.87%，提高了 5.71 个百分点，其中，水电、风电及其他能源发电由 0.40%提高到 2020 年的 1.81%，提高了 1.41 个百分点，增长迅速。从能源生产结构来看，2005 年以来，煤炭在陕西省能源生产结构中的比重一直在 75%上下浮动；从 2015 年起煤炭在陕西省能源生产结构中的比重开始缓慢上升；到 2020 年，煤炭在陕西省能源生产结构中占到了 80%的份额，远高于全国平均水平。另外，陕西省的非化石能源在近几年发展动力明显不足，占比几乎不变甚至有所下降。比如，天然气在 2017 年、2018 年、2019 年和 2020 年一次能源生产结构中占比分别为 10.55%、10.12%、10.48%和 11.06%，几乎没有变化；水电、风电及其他能源发电在 2017 年、2018 年、2019 年和 2020 年一次能源生产结构中占比分别为 1.4%、1.65%、1.93%和 1.81%，变化微乎其微。

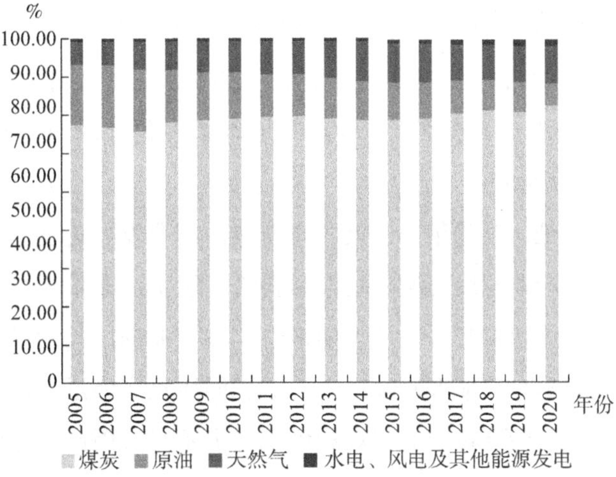

图 4-3　2005—2020 年陕西省能源生产总量及生产结构

因此，煤炭仍然是陕西省一次能源生产结构中的绝对主力，远高于

全国平均水平。其原因是，陕西省矿产资源，特别是煤炭资源丰富，使其形成以煤炭及煤炭衍生品为主的能源产业体系。因此，对于陕西省来说，能源转型虽然已经进行近15年，但煤炭在未来很长一段时间内仍然是能源生产结构的主要组成部分。从转型现状来看，相比于改变能源生产结构，通过提升能源生产技术水平提升传统能源技术效率更加重要。

4.3.4 新能源产业发展迅速，但后续增长略显疲乏

2005年以来，陕西省陆续发布了一系列能源政策推动能源转型，主要涉及传统能源改造和促进新能源产业发展等方面。在一系列产业补贴扶持和政策规范的作用下，新能源产业蓬勃发展。2020年末，陕西省可再生能源装机规模达到2400多万千瓦，占陕西省电力总装机的33.2%；截至2021年，陕西省新能源发电新增并网449.55万千瓦，其中，风电226.65万千瓦、光伏222.9万千瓦。同时，新能源汽车产业快速发展，2021年前三季度，陕西省汽车产量为52.55万辆，同比增长31%，高于全国25个百分点，产值约1572.3亿元，同比增长11%。其中，新能源汽车产量为14.10万辆，同比增长254.5%，高于全国65个百分点。另外，陕西省“弃光弃风”现象有所好转，能源利用效率不断提升，2021年，新能源利用率达96.48%，居西北地区第一位，较西北地区平均利用率高2.19个百分点。

值得注意的是，近几年来，陕西省新能源产业发展速度明显下降，发展动力不足。在产业发展初期，政策倾斜给新能源产业带来巨大的发展优势，从而带动其快速扩张。但从长期来看，在产业的成长阶段，单靠政策扶持难以有效鼓励企业加大研发投入，造成同质化产能过剩，降低了企业的持续竞争力，使能源转型的宏观和微观动力不足。因此，尽管政策是转型的起点且能够持续起到助推作用，但从长期来看，技术才是推动产业发展的动力，陕西省的新能源产业应该更加注重技术创新。

4.3.5　能源利用效率不断提高，但与东部省份仍存在一定差距

能源利用效率，是指投入的能源能获得多少效益（经济产出）或者为了获得一定效益必须投入多少能源，能源利用效率越高，获得一定效益所需的能源就越少。能源强度可以准确和直接地表示获取单位 GDP 需要付出的能源，因而常用于衡量某一地区的能源利用效率。我国早在“十一五”规划中就提出了“能源强度”这一概念，即单位 GDP 能源消耗。我国在“十四五”规划中提出单位 GDP 能源消耗降低 13.5%的发展目标，陕西省的“十四五”规划则提出了单位能耗下降 12%的目标。2020 年，陕西省的能源消费量为 13512.26 万吨标准煤，GDP 为 26014.1 亿元，能源强度为 51.94 吨标准煤/万元。2019 年我国各省份能源强度如图 4-4 所示。从图 4-4 可以看出，2019 年，陕西省的能源强度为 52.25 吨标准煤/万元，2020 年与 2019 年相比几乎没有变化。从整体来看，2019 年，陕西的能源强度位居全国中等偏上水平。陕西的能源利用效率在中西部省份中处于领先地位，但与东部省份相比仍存在一定差距。因此，陕西的能源利用效率在西北地区相对较高，但同东部省份相比，还有较大提升空间。

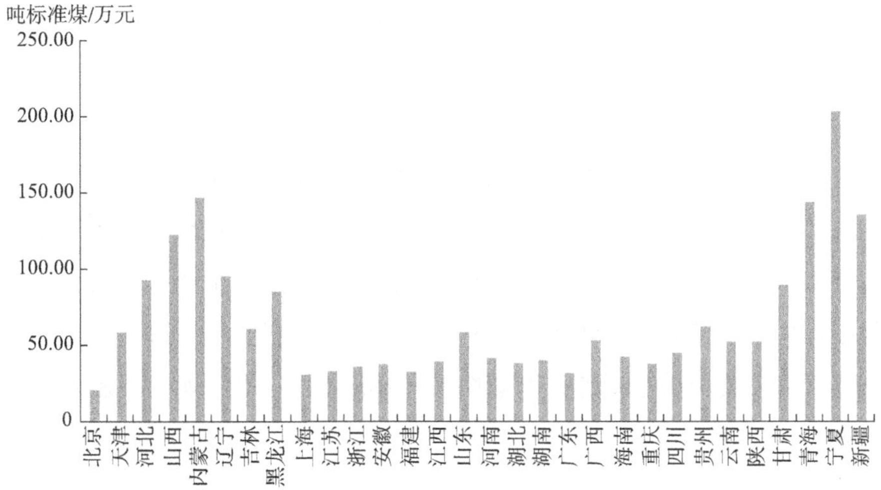

图 4-4　2019 年我国各省份能源强度

4.4 陕西省能源系统低碳转型的特征

4.4.1 陕西省能源转型是一个长期且复杂的过程

从陕西省能源转型的历程来看，不论是能源生产结构还是消费结构，煤炭及煤炭制品始终占据能源结构中的主导地位，并且是绝对主导地位。从2005年开始，煤炭在陕西省能源结构中的比重均在70%以上，没有明显的下降趋势，甚至近年来有所上升，比如，2020年陕西省煤炭占能源生产结构的份额达80%。在能源转型过程中，虽然天然气、风能和太阳能等非化石能源发展迅速，但并未对煤炭形成有效替代。换句话说，非化石能源比例上升带来的更多是石油占比下降，并未对煤炭所占比重产生影响。因此，陕西省目前仍然处于煤炭时代，并且煤炭在未来很长一段时间仍将是陕西省经济发展依赖的重要基础，是其能源低碳转型过程中主要的过渡能源。从目前的情况来看，相比全国其他省份，煤炭在陕西能源竞争中处于绝对优势，陕西的支柱产业大多与煤炭密切相关。从陕西的具体区域来看，以榆林为代表的陕北地区，能源工业几乎是命脉产业，让其在短时间内完全放弃赖以生存发展的能源工业是不现实的。

综上所述，煤炭在陕西省能源结构中的主导地位在短时间甚至长时间内都不会改变。从陕西省能源资源及其转型发展现状来看，除了加快主导能源替代进程以外，还应该提升煤炭的清洁高效生产、利用和转化效率，加快对煤炭安全绿色开发和清洁高效利用先进技术的研发与推广，并逐步减少煤炭在能源消费和能源生产中的占比，以实现主导能源的平稳替代。

4.4.2　煤炭消费增速持续下降是陕西省能源转型成效的重要体现

从陕西省能源系统低碳转型的历程来看，虽然低碳转型是主要发展目标，但从实际效果来看，能源化工产业是陕西省的支柱产业，使陕西省能源消费水平处于较高的位置，其中，煤炭是主要的能源消费品种，从煤炭占能源消费结构的比例这一指标来看，陕西省远高于全国平均水平，并且近几年来仍旧只增不减。由上述对陕西省转型现状的分析可知，煤炭占能源消费的比重未必可以准确衡量陕西省能源低碳转型成效。虽然陕西省煤炭占比逐年上升，但其煤炭消费增速是逐年下降的。从增速的角度来看，陕西省在能源低碳转型方面的工作取得了明显的效果。

4.4.3　政府政策推动是加速陕西省能源转型的主要手段

通过政策制定阶段性的能源转型目标，加速了国家和省域层面的能源转型进程。陕西省出台的政策规划往往以我国整体的政策规划为基准，同时结合陕西省的实际情况，考虑不同地区的发展实际，在合理的范围内进一步规划省级以及各个细分区域的能源转型发展目标。比如，我国在“十二五”规划中提出，2015 年单位 GDP 能耗和碳排放分别比 2010 年降低 16%和 17%；陕西省的“十二五”规划提出，2015 年单位 GDP 能耗和碳排放分别比 2010 年降低 16%和 15%。考虑到陕西以能源化工产业为主，相比于全国水平以及其他省份来说，降低碳排放强度的实现难度更大，因此，陕西对此目标有一定放松。另外，陕西还通过特色化、区域化的政策加快了能源转型进程，如对天然气和新能源产业实行“煤改气”政策，加速了天然气的使用，使天然气在一定程度上实现了对煤炭的替代，“百万车辆”政策则使陕西省迅速成为全国新能源汽车产业基地。除此之外，陕西省对于风电、光伏的补贴政策也加速了相关产业的发展。

4.4.4　因地制宜地全面转型是陕西省能源转型的基本方针

陕西省能源转型的范围覆盖了 10 个地级市。陕西省充分考虑每个地区的优势和劣势，因地制宜，全面推进能源转型工作。以榆林市为代表的陕北地区，能源工业基础雄厚，因此，陕北地区以传统能源工业清洁化发展为主，建成大批现代化煤化工基地，提升传统能源转换效率，同时，陕北地区风力资源充足，风电产业发展也较为迅速。以西安市为代表的关中地区，科技实力拔尖，资金充足，是新能源汽车企业的主要集聚地，其中，西安市拥有陕西省最大的新能源汽车产业基地。另外，关中地区光照充足，依托丰富的太阳能资源大力发展光伏产业。以安康市为代表的陕南地区，虽然工业基础薄弱，但水力资源充足，水力发电产业发展迅速。

4.4.5 创新驱动是陕西省能源转型的关键发展战略

创新驱动在陕西省能源转型过程中发挥了关键作用。例如，陕西延长大连化物所西安洁净能源（化工）研究院精进了煤化工的技术；国网陕西电力为提高能源利用效率，先后建设了陕北新能源自动发电控制系统及陕北虚拟电厂智能协调控制平台，自动协调陕北火电及新能源电力，将陕北电力送出断面利用效率提升至98%；特高压输电技术的突破为远距离大容量的电力传输奠定了基础，促进了西北地区可再生能源的消纳。

创新驱动虽然已发挥关键作用，但目前只在一些关键技术方面取得了重大突破，创新持续性不足，并且模式相对单一，大部分集中在技术创新层面。创新应该是全方位的创新，商业模式、系统运行模式等方面的创新同样重要。另外，就技术层面的创新而言，陕西省在短期内依然具备很大的提升空间，特别是在传统能源的节能潜力提升和结构优化方面，如能效技术、电厂的灵活性改造等传统转型措施仍是技术创新的主要领域。但从长期来看，新能源技术（如电化学储能、氢能、光热发电、生物燃料等当前十分昂贵的技术）更具创新潜能。

4.4.6 长期转型动力不足是陕西省能源转型面临的挑战

综观陕西省整个能源转型进程，无论是能源消费增速还是新能源产业发展态势，都呈现出发展速度先快后逐渐变慢甚至停滞不前的特点。具体来说，2005—2015 年是非化石能源产业发展的黄金十年，其依靠大量的政策倾斜以及政策补贴快速扩张，占据了能源结构 10%～20%的份额。但 2015 年之后，其发展速度陷入停滞不前的局面。以能源生产结构为例，非化石能源占比在 2017 年、2018 年、2019 年和 2020 年分别为 11.95%、11.77%、12.41%和 12.87%，没有明显变化，缺乏发展动力。其原因可能是，在陕西省能源转型过程中，非化石能源的发展过于依赖政策倾斜，从而忽略了能源技术的创新进步以及能源消费端民众低碳消费意识和消费偏好的形成。转型初期，大量的政策红利促使非化石能源以较低的价格优势抢占能源市场，但红利期过后，价格优势不复存在，相关能源企业在发展初期将发展重点集中在扩张上，忽略了能源技术的研发，导致后者不能适配其扩张的速度。另外，政府将重点集中在能源政策的颁布与实施上，忽略了对公众低碳消费意识观念和偏好的政策引导。

4.5　本章小结

本章梳理了 2005 年以来陕西省在能源转型方面所做的工作，以我国五年规划为基础，将陕西能源转型过程分为四个不同的发展阶段，进一步总结了陕西省能源转型现状和转型特征，为后文的研究提供现实依据。

第5章

MLP下陕西省能源系统的构成

本章基于社会-技术转型 MLP 分析框架，对能源社会-技术系统的三个层级进行解析，并在此基础上对陕西省能源-社会技术系统三个层级的构成要素、构成主体及其相互作用进行探讨。

5.1 MLP 下社会-技术系统的三个层级

能源系统是一种典型的社会-技术系统。社会-技术转型 MLP 分析框架认为，社会-技术系统由景观层、体制层和利基层三个层级构成。

5.1.1 景观层

景观层是指支撑社会-技术系统转型的外部情境因素，如政治因素、文化因素、社会因素、气候因素等。该概念最早由 Rip 和 Kemp 于 1998 年提出，具体指社会-技术系统转型发生时的外部环境和相关背景因素，包括气候因素、地理位置、城市规划等。在此基础上，根据变化速度的区别，Driel 和 Schot（2005）将景观层因素划分为三类：第一类为缓慢变化的因素，如气候、宏观经济趋势、政治意识形态等；第二类为长期变化的因素，如工业化等；第三类为带来快速外部冲击的因素，如战争、恐怖袭击等。景观层具有较强的相对独立性，变化缓慢。社会-技术系统转型发生时，系统内部的社会主体在短期难以对该层级产生影响，然而景观层一旦发生变化，体制层就会感受到巨大压力，层级稳定性被削弱，创新利基接触“机会窗口”的可能性提高。

5.1.2 体制层

体制层是社会-技术系统中占主导地位的核心层级，根据 Verbong 和 Geels（2007）的研究，体制层中的要素可以分为三类：①社会行为主体，如政府机构、生产者、消费者、研究机构等；②社会规则，既包括政策、法律和法规等正式准则，还包括道德、义务和习俗观念等可以影响主体行为的非正式规则；③社会-技术布局，如社会-技术系统运行必不可少的基础设施、原料、知识和技术等。在体制层中，社会主体的行为往往会受到社会准则的约束和指导，社会-技术布局是社会主体活动的结果。因此，体制层是由一系列异质性要素构成的，所有要素都附着在不同的社会群体上，并嵌入制度和规则中。体制层一旦形成就会出现“锁定效应”，即与新技术相比，体制层中的成熟技术往往具有更大的优势，可以带来稳定的收益，从而出现经济锁定；社会中的消费者长期接触这类成熟技术，会对其产生一定的认知和实践依赖，从而出现社会锁定；受益群体往往更加青睐现任者的政策法律体系，会使体制层出现政治锁定。体制层的锁定机制是社会-技术系统稳定正常运行的基石，但它的存在也导致新技术、政策等很难实现对现有体制的替代，从而给社会-技术系统转型造成巨大压力。

5.1.3 利基层

利基层为激进式创新提供保护空间。创新利基是一种培养皿、孵化室，专门培育创新技术、产品，具体包括研发实验室、享受政策支持和补贴的示范项目、已经形成的缝隙市场等（吕涛、王春玲、王飞，2015）。以新技术为例，它可以在利基层中稳定发展而免受体制层中成熟技术的驱逐，从而给其带来进入体制层的机会以及替代体制层中成熟技术的可能性，为社会-技术转型提供发展机遇。

5.2 MLP 下陕西省能源系统的构成要素

聂龑和吕涛（2017）从 MLP 对电力系统进行了分析，认为电网系统的景观层要素由环境压力和电网升级转型需求构成，体制层包括电网结构演化、政策引导和市场消费习惯等要素，利基层包括示范项目和创新技术等要素。陈卓淳和姚遂（2012）认为，我国电力系统的景观层要素包括公众对于转型的意愿、国际给予的减排压力以及我国政府的转型目标等，体制层要素包括电力市场、制度、价格和电力结构等，利基层主要涉及新能源技术示范和研发项目以及政府的激励和引导政策等要素。李慧和涂家豪（2020）研究认为，我国能源系统的景观层包括大气污染、资源禀赋等要素，体制层包括新增能源基础设施、能源生产技术和集中供暖等要素，利基层包括研发投入强度和研发人员数量等要素。

综合以上研究，结合陕西省的能源构成及能源系统转型实际，本研究认为，MLP 下陕西省能源系统三个层级的要素包括如下内容：①景观层包括环境气候、政治趋势和社会愿景；②体制层包括政策规范、能源基础设施、能源技术、能源消费习惯和观念；③利基层包括创新技术项目和鼓励政策。

5.2.1 景观层要素

（1）环境气候

从陕西省的能源转型历程和实践来看，转型的根本原因和动力大部分来自环境气候的不断恶化。特别是，近些年来，雾霾天气不断增多和加重、温室效应不断变强、南北极的万年冰川正在融化……这些事件均在告诫人类低碳转型的重要性，而作为气候恶化元凶之一的温室气体，是能源系统的主要产物之一。因此，在环境气候恶化的压力下，能源系统低碳转型迫在眉睫。对于陕西省能源系统来说，环境气候恶化带来的压力尤为严重。通过真气网平台查询 2015 年到 2020 年 11 月、12 月和 2021 年 1 月陕西省西安市的 AQI、$PM_{2.5}$数据，并与其他北方城市诸如北京市、山西省太原市等相比较可知，西安市的各项数据均处于高位。

（2）政治趋势

就能源系统而言，政治趋势可以理解为全球公认的能源转型方向以及我国在重要的规划文件、会议等中反复提及的关于能源发展方面的论调。具体而言，我国早在“十五”规划中就明确了节约保护资源、实现永续利用以及加强生态建设保护和治理环境。在之后的每个五年规划中，我国对于环境保护和资源节约的重视程度不断提高。如“十一五”规划提出建设资源节约型、环境友好型社会；“十二五”规划增加绿色发展；“十四五”规划更是强调推动绿色发展，促进人与自然和谐共生。另外，在最近几年的各种会议中也不断传达出能源低碳转型的发展趋势，比如，党的十八大、十九大不断强调能源低碳转型的必要性；2020 年 9 月 22 日，习近平主席在第七十五届联合国大会上提出“我国要在 2030 年前实现碳达峰、2060 年前实现碳中和”，进一步强调了低碳转型的重要性。这些都表明，我国目前的政治趋势是向着绿色、低碳方向前进的。除此之外，我国还成立了国家能源委员会、国家能源局等机构统筹和推进能源管理与能源转型工作。因此，陕西省能源系统面临的整体政治趋势也是能源系统的低碳化发展。

（3）社会愿景

马斯洛需求层次理论提到，人的需求自下而上依次为生理需求、安全需求、社交需求、尊重需求和自我实现需求，随着需求层次的不断提升，精神层面的需求越来越重要。随着我国的快速发展，人们对于美好生活的向往越来越强烈，生活质量是美好生活的重要组成部分，空气质量是衡量生活质量的一个重要指标，而能源系统与空气质量息息相关。因此，美好生活往往意味着人们可以拥有更加清洁的空气以及绿色环保、低污染的环境。另外，经过 40 余年的高速发展，我国已经进入新发展阶段，2020 年 10 月 29 日，习近平总书记在中共十九届五中全会第二次全体会议上提出：“进入新发展阶段，是中华民族伟大复兴历史进程的大跨越。”而新发展阶段的目标之一就是提高社会民众的生活品质。因此，追求美好生活既是我国当前的社会愿景，也是陕西省能源系统面临的社会愿景，其对能源系统低碳转型有着明显的驱动作用。

5.2.2　体制层要素

（1）政策规范

体制层的政策规范主要是指与能源系统运行相关的法律法规、行业发展标准以及行业内非正式约定、习惯等，具体由以下三个方面内容组成。一是法律法规。基于中国国情，陕西省能源系统的法律法规与中国能源系统的法律法规完全一致，譬如，煤炭行业有且只有一个《中华人民共和国煤炭法》，其他能源行业均是如此。除此之外，还有《中华人民共和国可再生能源法》和《中华人民共和国节约能源法》等一系列法律法规。二是行业标准。根据《中华人民共和国标准化法》规定，各行各业的行业标准由各行业社会团体、协会、企业等参与起草并上报相关国家行政部门批准，最后由国家行政部门公布。陕西省能源系统相关行业标准由国家能源局发布，陕西省政府负责落实相关行业标准，同时起到监督的作用。三是内部规则。类似于行业标准，内部规则更多是指陕西省能源系统的相关行业内约定俗成且不违反法律法规的规则。

（2）能源基础设施

能源基础设施通过为社会生产和居民生活提供公共服务保证能源系统正常运行。陕西省能源系统有其独特的能源基础设施。陕西省大力建设风能等清洁能源基础设施，截至 2020 年，陕西省可再生能源累计装机 1872 万千瓦，占电力装机的 30.3%。截至 2022 年底，陕西省新能源发电累计并网容量 1516.2 万千瓦，其中，集中式光伏电站 1193.7 万千瓦、分布式光伏电站 322.5 万千瓦。在新能源汽车基础设施方面，截至 2021 年，陕西省已经建成地面充电站 56 座、充电车位 18000 余个，同年，陕西省单站容量最大的集中式公共充电站——铜川市汽车客运总站公共充电站建成投运，可以同时为 97 辆新能源电动公交车提供充电服务。

（3）能源技术

能源技术既是能源系统的重要组成部分，也是体制层中最活跃的因素之一，关系到整个能源系统的转型发展进程。每次能源技术的重大进步，都会推动人类对能源的使用迈入一个新时代。陕西省能源系统的能源技术主要体现在以下三个方面。第一，能源转换效率。一般来说，大部分能源需要经过转换才能供人类直接使用，如煤炭、石油等转换为光能、电能、热能等，而在转换过程中会涉及转化效率高低的问题，转化效率越高，能源的利用率就越高。陕西省能源系统以煤炭为主要能源，因此，近些年来，陕西省提出“优煤、稳油、扩气、促新、深转化”的发展目标，大力发展清洁煤电，提高煤电转换效率，同时大力推进煤炭“去产能”工作，积极关停小火电，淘汰煤炭落后产能。第二，能源废物处理技术。能源的利用如煤炭和汽油的燃烧会产生大量气体污染物，可通过一定的技术将这些污染物转换或者储存起来以作他用。但是，目前陕西省能源系统在废物废气处理技术上比较欠缺。第三，新能源替代。传统的化石能源利用会带来大量负面影响，因此，开发新能源技术是一项重要目标。目前，陕西省能源技术的开发主要体现在两个方面。一是天然气的开发和利用。相比煤炭，天然气具有更加清洁的优势，因此，陕西省近年来大力推进“煤改气”工作。截至2019年底，中央、省及各市县财政投入“煤改电”“煤改气”等清洁取暖工程的资金约54亿元。二是可再生能源的开发和利用，包括风能、太阳能以及新能源汽车。陕西省凭借丰富的风力和太阳能资源大力发展风能和太阳能光伏发电产业，建设了渭南和铜川两个光伏技术领跑基地，同时，榆林和铜川等地市也在大力发展新能源项目。另外，新能源汽车产业持续高速发展，以2021年为例，陕西省新能源汽车产量14.1万辆，同比增长254.5%，高于全国65个百分点。

（4）能源消费习惯和观念

我国幅员辽阔，南北跨度大，因此不同地区气候差异很大，特别是到了冬季，北方地区气温低且持续时间长，人们的取暖需求很大。我国秦岭-淮河线以北地区，采取冬季集中供暖的策略；而秦岭-淮河线以南地区，则不采取集中供暖的方式。最初，人们通过分散式的烧煤满足取暖需要（农村地区燃烧木柴、秸秆，城镇地区燃烧煤炭），但分散式的烧煤取暖带来了严重的空气污染问题。2013 年 9 月，国务院出台的《大气污染防治行动计划》明确提出，加快推进集中供暖，在供热管网不能覆盖的地区，改用电、新能源或洁净煤。陕西省横跨秦岭-淮河线，汉中市、安康市和商洛市地处秦岭-淮河线以南，其余地区处于秦岭-淮河线以北，因此，陕西省存在集中供暖区域间差异，从而导致人们的消费习惯以及观念存在差异。秦岭-淮河线以南地区，由于没有集中供暖，人们取暖更多采用空调、小太阳等以消耗电能为主的方式；而秦岭-淮河线以北的地区，通过集中燃烧煤炭、天然气等满足供暖需求。

5.2.3 利基层要素

（1）创新技术项目

陕西省能源系统的创新技术项目不仅包括为了能源系统低碳转型而做的试点工作，比如渭南和铜川两个光伏技术领跑基地，还包括一些新能源企业以及高校和科研院所为了研发新兴的能源技术设立的研发中心等，如西安洁净能源（化工）研究院、热岩供热研发中心以及陕北新能源自动发电控制系统和陕北虚拟电厂智能协调控制平台等前沿技术研究所等。

（2）鼓励政策

鼓励政策主要是指为了促进新能源技术的研发和普及，由国务院牵头，以陕西省政府为主导，实施的相关激励性和补贴性政策，陕西省各个市级政府和县级政府积极响应，推动了陕西省能源产业的发展。比如，2013 年 5 月，陕西省政府印发《贯彻落实国务院节能与新能源汽车产业发展规划的实施意见》，提出着力扩大陕西省新能源汽车产业规模，使其成为国家重要的新能源汽车生产基地；同年，陕西省制定下发《加快新能源发电产业实施意见》，支持新能源发电企业和传统能源企业发展，鼓励优先投资光伏发电项目，从而推动太阳能发电产业的发展。2018 年，陕西省政府印发《推动汽车产业加快发展的支持措施》，从资金、土地供给和人才保障等多个方面加快新能源与清洁能源汽车的推广应用。

5.3 MLP下陕西省能源系统的构成主体

陕西省能源系统的低碳转型离不开多元相关主体的协同推进。郭丕斌等（2019）认为，能源系统的转型主体包括政府部门、工业和家庭部门、能源部门等。聂龑和吕涛（2017）提出，电网系统应该包括政府、银行、媒体、科研单位及高校、消费者等11个主体。王君安等（2017）基于MLP对我国能源转型历程进行分析，认为我国能源系统的构成主体涉及政府、企业、家庭、社会活动者、科学团体等。基于此，结合陕西省能源系统及其转型实际，本研究认为，陕西能源社会-技术系统有以下构成主体：①政府；②能源生产及供应者；③能源消费者；④高校及科研院所；⑤金融机构。

5.3.1 政府

陕西省能源系统中的政府主体主要包括陕西省人民政府及陕西各个地级市、县的人民政府，还包括陕西省发展和改革委员会、陕西省财政厅、陕西省能源局、陕西省工业和信息化厅、陕西省生态环境厅、陕西省市场监督管理局、陕西省自然资源厅、陕西省水利局等省级部门及其地级和县级的相关部门。在陕西省能源系统中，政府主要扮演三个角色。第一，领导者。毋庸置疑，在陕西省能源系统中，政府处于绝对的领导地位，统筹规划整个陕西省能源系统的转型方向，制定明确的阶段性转型指标，比如，在陕西的各个五年规划中，分别制定了在五年规划结束时能源消费结构中煤炭消费比例的大小等硬性指标。第二，管理者。政府的管理作用主要体现在监督和协调两大方面。监督主要是为了确保政策落实。为了确保转型目标顺利达成，政府需要颁布配套的政策规范指导各个主体的行为，而政策的落实程度会极大地影响政策目标的达成，因此，政府需要发挥监督作用，以保证各个主体如煤炭企业在政策的要求下合理地开采加工煤炭。而协调则是由于在系统的转型过程中，会牵扯多个主体之间的利益关系，比如，企业、科研机构和金融机构，企业在发展过程中需要金融机构提供一定的资金，而科研机构会通过同企业合作研发新的能源技术提高转型速度。因此，政府在这一关系中起到桥梁和纽带的作用，这一作用体现在政府可以帮助企业更好地筹集资金或者与科研机构达成合作。第三，激励者。为了加快能源系统低碳转型的速度，政府会通过颁布产业补贴、税收减免政策支持能源企业发展，通过加大对能源技术创新的投入促进能源创新企业发展。另外，政府还会通过户籍政策、医疗保障措施以及教育政策等吸引人才，激发能源系统的技术创新活力。

5.3.2　能源生产及供应者

能源生产及供应者主要指从事能源生产和供给的相关企业，包括能源开采、加工、运输以及销售企业。以煤炭产业为例，能源生产及供应者既包括洗煤厂、煤化工企业、焦化厂等，还包括销售和运输煤炭及煤炭相关产品的企业。另外，能源生产及供应者还包括服务于能源供应企业的配套企业，如为了方便能源企业的运行，设立的必要的基础设施建设、维护、管理等方面的企业。以能源品种为分类依据，陕西省能源系统的生产及供应者企业主要可以分为传统能源企业和新能源企业。传统能源企业指以传统能源为主要业务的企业，如煤炭、石油等相关企业；新能源企业指以新能源为主要业务的企业，包括光伏发电、水力发电、风力发电以及新能源汽车等企业。以企业类型为依据，陕西省能源系统的生产及供应者主体企业可以分为一般型企业、研发型企业以及综合型企业。一般型企业指主要从事能源的一般业务如开采、加工、销售等的企业；研发型企业指以研发新的能源技术为主的企业；综合型企业指既从事能源的一般性业务，也从事能源技术研发的企业，一般来说，综合型企业往往是整个行业中的龙头企业、核心企业，如陕煤集团、陕鼓集团以及比亚迪公司等。

在陕西省能源系统中，能源生产及供应者主体主要扮演以下两个角色。其一，生产者。企业的核心作用是生产能源产品，不论是传统能源产品还是新能源产品，都需要企业去生产。企业既是能源系统的核心之一，也是能源系统转型具体方案的最终执行者，政府实施能源政策的主要对象是企业，企业的具体行为会直接影响能源生产结构；同时，在能源系统中，需要企业将能源产品传送至能源消费端。其二，创新促进者和传播者。从能源系统的角度来看，技术创新可以有效推动能源转型，是能源系统低碳转型的内生动力。但对于企业来说，追求技术创新的目的是获取利益，企业需要通过技术创新提升产品竞争力，降低生产成本，从而占据更多市场份额，获取更多的利益。企业追逐利益的过程，侧面推动了整个能源系统中能源技术的发展，加快了能源转型进程。

5.3.3 能源消费者

就陕西省能源系统而言，能源消费者主要包括居民家庭消费用户和企业消费用户。居民家庭消费用户是指陕西省的全部民众，他们是能源系统的主要消费端，比如，新能源汽车企业最终要把新能源汽车卖给居民，光伏发电企业最终将通过光伏发电板产生的电能供居民使用，煤炭企业将煤炭出售给居民使用，等等。企业消费用户是指工业、农业、商业、服务业等几乎所有消费电能等二次能源以及新能源的企业。值得一提的是，主要使用煤炭等一次能源作为生产原料，通过燃烧等方式将其转化为电能的企业不属于企业消费用户，而是属于能源生产及供应者。综上所述，消费用户在整个能源系统中扮演消费者的角色，他们拥有固定的消费偏好和消费观念，而这些消费偏好和消费观念最终会影响能源系统低碳转型。如果所有消费用户的消费观念和偏好一直是高碳的、非环保的，那么能源系统转型的进程必定会受到阻碍。因为，就能源生产者及供应者而言，生产能源产品的目的就是获利，如果整个系统的消费偏好和观念是高碳的、非环保的，能源生产者及供应者就会丧失生产新能源产品的动力，能源系统低碳转型的进程将会受到极大影响。

5.3.4　高校及科研院所

本研究中的高校及科研院所是指从事能源领域相关研究的高校及科研院所，如西安交通大学、西北工业大学、西安科技大学，以及西安洁净能源（化工）研究院、热岩供热研发中心以及陕北新能源自动发电控制系统和陕北虚拟电厂智能协调控制平台等前沿技术研究所。高校及科研院所是新思想、新技术的源头，是区域的信息和知识池（张艳等，2006）。它们往往会和企业合作，企业提供资金，高校及科研院所提供研究人才研究新的能源技术，并将新的能源技术大规模运用在能源产品中。同时，高校及科研院所研究的不仅仅是新能源技术，还包括传统能源的技术改造，从而提升传统能源的转换效率。

5.3.5　金融机构

金融机构的定义有广义和狭义之分，广义的金融机构是指所有从事金融活动的机构；狭义的金融机构是指金融活动的中介机构，主要包括银行和其他从事存、贷款业务的金融机构。在本研究中，陕西省能源系统的金融机构沿用狭义定义，即陕西省金融机构主体包括陕西省的各大银行、借贷公司等从事存、贷款业务的单位。金融机构主体是资金提供者，不仅为各种补贴政策提供资金支持和保障，更重要的是为企业主体的运行、研发提供额外的资金来源，从而促进企业的生产和研发。

5.4　陕西省能源系统构成要素和构成主体间的作用分析

陕西省能源系统的构成要素可以分为三类，分别为景观层要素、体制层要素以及利基层要素；构成主体则为政府、能源生产及供应者、能源消费者、高校及科研院所和金融机构。构成要素就像是构成主体的固有属性，是构成主体的具体表现，构成主体通过具体的行为形成具体的构成要素；构成要素又可以反作用于构成主体，影响构成主体的行为。因此，构成主体和构成要素之间并非一种简单的线性关系，而是一种复杂的网络结构，某个构成主体可能与多个构成要素存在关系，某个构成要素也可能与多个主体形成链接，构成主体之间也可能存在相互作用。陕西省能源系统构成要素和构成主体的相互作用关系如图 5-1 所示。

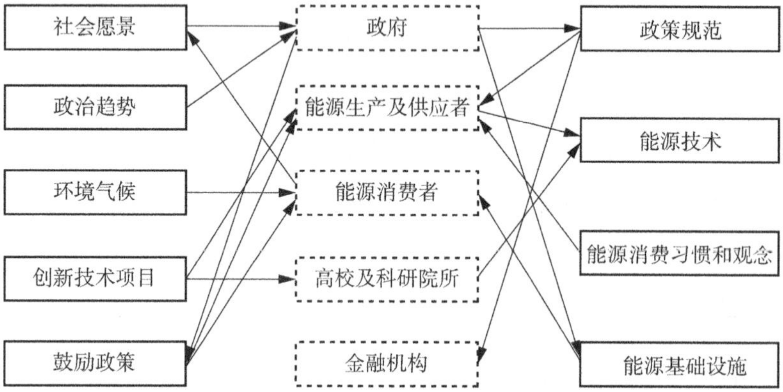

图 5-1　陕西省能源系统构成要素和构成主体的相互作用关系

5.4.1　景观层要素与构成主体的相互作用

陕西省能源系统的景观层要素包括环境气候、政治趋势和社会愿景，这类要素会给构成主体施加外部压力，或者释放一种信号，指引构成主体的具体行为，以大环境推动构成主体转型。首先，环境气候的变化直接作用于能源消费者，特别是其中的个人家庭用户。随着我国进入高质量发展阶段，人们对生活质量的要求越来越高，对环境气候的变化更加敏感。因此，环境气候的不断恶化降低了个人家庭消费主体的生活满意度，从而给能源系统实施转型的压力，驱动能源系统转型。其次，政治趋势的变化会直接影响政府主体的行为。在政治趋势的影响下，政府主体会通过增加能源基础设施投入、颁布能源政策规范和批准创新技术项目等行为推动能源系统低碳转型。最后，社会愿景通过影响政治趋势间接影响政府主体，而社会愿景由能源消费者主体形成，因此，环境气候的变化会经过能源消费者主体传导到社会愿景，社会愿景又通过政治趋势影响政府主体的行为，从而间接推动能源系统转型。

5.4.2 体制层要素与构成主体的相互作用

体制层要素是能源系统的主要组成部分，是能源系统中最稳定的要素，是能源系统正常运行必不可少的要素。首先，政策规范一般由政府主体实施，主要影响能源生产及供应者和金融机构的行为。具体来说，政府主体颁布相关的能源政策规范既可以规制和指导能源生产及供应者主体的日常运作，也可以促进金融机构主体为能源生产及供应者主体提供其正常运作必需的资金。其次，能源基础设施主要由政府主体牵头建设，为能源消费主体提供便利，有助于新能源产品的推广，最终推动能源系统转型。例如，推广新能源汽车往往需要建设大量的汽车充电桩、充气站；风电、水电项目的发展则需要加强发电风扇、光伏发电板的建设。再次，能源技术主要与高校及科研院所和能源生产及供应者两大主体产生关联，高校及科研院所是研发能源技术的主力军，单独或者与能源生产及供应者合作研发能源技术。能源技术的研发会受到能源消费主体消费观念和偏好的影响，而能源生产及供应者不断研发能源技术迎合能源消费主体的消费观念与偏好，最终获取更多的利益。最后，能源消费习惯和观念是能源消费主体的固有属性，它会刺激能源生产及供应者生产符合消费主体消费习惯和观念的产品，从而加速能源系统低碳转型，保证能源系统低碳转型方向的正确性，所以，它是能源系统低碳转型成功的必要条件。

5.4.3 利基层要素与构成主体的相互作用

利基层要素往往是系统内的政府主体颁布实施的激励性、扶持性政策，为企业营造出一种有利于其成长的氛围和环境，鼓励企业加大投入自己研发或与高校及科研院所合作研发新的能源技术，为生产新的能源产品奠定基础，最终促进能源技术水平提升。首先，创新技术项目主要与政府、高校及科研院所和能源生产及供应者产生联系，高校及科研院所一般与能源生产及供应者合作设立能源创新技术项目，而项目的成功设立又需要政府主体的参与。可以说，创新技术项目直接作用于能源技术，为能源技术的进步提供保障。其次，鼓励政策由政府主体颁布，不仅可以激励能源生产及供应者生产新的能源产品，也会使其加大能源技术的研发投入。另外，鼓励政策也会激励能源消费者主体，刺激其消费更多新的能源产品，进而影响能源消费者主体的消费习惯和观念，最终推动能源系统低碳转型。

5.5 本章小结

本章首先对 MLP 下社会-技术系统的三个层级做了详细说明，并以此为基础，分析了陕西省能源系统的构成要素和构成主体以及二者之间的相互作用，为后续驱动机制的分析奠定了基础。

第6章

MLP下陕西省能源系统低碳转型驱动机制模型构建

已有文献关于省域能源系统转型，尤其是 MLP 框架下省域能源系统转型的影响因素研究不足，尚缺乏可资借鉴的理论成果。因此，为了进一步明确陕西省能源系统转型的驱动因素及其作用机制，本章运用程序化扎根理论分析方法，通过对陕西省 10 个地市能源转型发展实践的案例资料进行归纳、抽象、理论构建，提炼出驱动陕西省能源系统低碳转型的多层级影响因素，并对其作用机制进行理论分析。

6.1 研究设计

6.1.1 扎根理论分析方法

扎根理论分析方法是质性研究的重要方法，换句话说，扎根理论的使命是经由质化方法建构理论（贾旭东、谭新辉，2010）。因此，与量化实证研究不同，扎根理论其实是一种自下而上的归纳式研究方法。量化实证研究往往需要通过现有的理论提出理论假设，再根据假设做进一步的经验验证；扎根理论分析方法则不需要理论假设，而是直接从现实资料中进行经验概括、抽象，提炼出反映社会现象的概念，进而寻找范畴以及范畴之间的关联，最终升华为理论。因此，扎根理论分析方法最核心的特点并非经验性，而是抽象性，需要从大量的经验资料中抽象提炼出基本的概念（陈向明，1999），然后进一步发现概念之间的联系和互动（Suddaby，2006）。通过规范、严谨的研究程序构建的扎根理论，其过程能够被追溯检查，甚至在相当程度上能够实现重复检验，从而使理论构建成为一个科学的过程，提高了研究的信度和解释力，克服了一般定性研究缺乏规范的方法论支持、研究过程难以追溯和检验、得出的研究结论说服力不强等难题（贾旭东、谭新辉，2010）。

随着扎根理论的不断发展和完善，程序化扎根理论凭借操作性较强的三级编码流程，在管理学、经济学、社会学等领域得到了广泛应用。陕西省能源系统低碳转型本质上是一种社会-技术转型，是能源社会-技术系统三个层级的多个因素协同互动、综合作用的结果。为了更好地识别驱动陕西省能源系统低碳转型的关键因素，本研究运用程序化扎根理论分析方法进行驱动因素识别和驱动机制的理论模型构建。

6.1.2 案例选取

通过前文对陕西省能源系统低碳转型的历程、现状和特征分析可知，陕西省能源系统低碳转型是面向陕西省全面开展的，不同的细分区域结合自身的条件和优势形成各具特色的能源转型战略和路径。比如，资金雄厚、科技实力强的关中地区着重发展高科技能源产业；传统能源工业基础雄厚以及风力资源丰富的陕北地区着重实行传统能源产业升级和能源技术改造，同时发展太阳能和风力发电产业；水资源较为丰富的陕南地区则大力发展水力发电产业。基于此，本研究以陕西省的 10 个地级市作为案例对象，运用程序化扎根理论分析方法，研究探讨陕西省能源系统低碳转型的驱动因素和作用机制。

6.1.3 资料收集

考虑到资料的可靠性，一方面通过学术文献、媒体资料、政策文件等获取二手资料，另一方面通过深度访谈获取一手资料，以实现资料之间的相互补充以及交叉验证。

（1）二手资料

一是文献资料。在知网数据库中以“陕西能源”“能源转型”“低碳转型”“能源低碳转型”等为关键词，搜索 2018 年 1 月 1 日至 2022 年

12 日31 日的 CSSCI 和 CSCD 学术期刊文献，并基于相关性原则对搜索的文献进行人工筛选，最终得到与陕西省能源转型相关的可用文献 42 篇。

二是其他资料。在陕西省人民政府、陕西省发展和改革委员会、陕西省能源局等官方网站，以上述方式搜索相关政策文本、领导讲话以及官方新闻报道等，并通过人工筛选得到陕西省能源系统转型的相关政府官方资料共计 48 份。在知乎、新浪微博等主流媒体网站以上述方式截取陕西省能源转型相关的报道、评论，经过人工筛选后得到相关内容 16 篇，共计 3 万余字。

（2）一手资料

一手资料主要来源于陕西省能源系统的关键构成主体，包括政府机构、能源生产者、能源消费者、研究机构及金融机构，从中选取若干个代表性个体进行针对性访谈。一是面向陕西省发展和改革委员会资源节约和环境保护处、陕西省能源局产业发展处、陕西省工业和信息化厅节能综合利用处等部门负责人，了解政府机构推进能源转型的战略、政策、措施等。二是面向陕西煤业化工集团、陕西延长石油（集团）有限责任公司、陕西美能清洁能源集团、国电陕西新能源有限公司相关负责人，了解不同类型的能源企业在能源转型方面开展的相关工作。三是面向西安交通大学、西北工业大学、西安科技大学从事能源经济、能源资源管理、能源环境研究的专家学者，了解陕西省能源转型的现状、问题及未来发展趋势。四是面向建设银行陕西省分行、国家开发银行陕西省分行相关人员，了解金融机构在能源转型方面开展的投融资服务情况。五是面向社会公众，了解终端消费者关于能源转型的态度和诉求。通过上述途径，共获得资料 121 份，具体包括学术文献 42 篇、政策文献 48 篇、新闻报道 16 篇以及访谈记录 15 篇。

根据程序化扎根理论分析的要求，需要从原始资料中随机抽取 25%用于后续理论饱和度检验。因此，本研究从 121 份原始资料中抽取学术文献 10 篇、政策文献 12 篇、新闻报道 4 篇以及访谈记录 4 篇用作后期分析。

6.2 资料分析

本研究通过开放性编码、主轴性编码和选择性编码三级编码进行资料分析。

6.2.1 开放性编码

开放性编码是程序化编码的第一步，主要是在保持客观性的基础上将搜集到的原始资料混合、拆分。在这一过程中，研究者应当保持理性，摒弃个人偏好和观点，对原始资料逐字逐句进行分析，然后将所表达的意思抽象概括，形成一些系统化的概念，再对这些概念进行讨论分析，从而厘清这些概念之间的关系，确定这些概念对应的范畴。本研究借助 NVivo12 软件进行数据编码，具体步骤如下。

（1）概念化

首先使用 NVivo12 软件将原始资料中涉及“能源转型”“低碳转型”“系统转型”“低碳发展”“驱动因素”等的语段初步筛选出来，之后完整阅读筛选的语段，逐句逐字分析，并将相关语段表达的含义用尽可能简短的语句或者短语表达出来，以方便进一步将其抽象化为概念。另外，在概念化过程中，需要不断地对标记的语句（短语）进行比对和完善，将那些表达类似含义的资料反复比对，从中挑选出含义表达最清晰、最充分的资料。不断重复这一步聚，直到完成所有原始资料的分析，最终形成初始概念。

（2）范畴化

在已获得的相关初始概念基础上，进一步发掘初始概念间隐含的逻辑联系，从而将具有强逻辑关联的初始概念归属到同一个范畴，这一过程即为范畴化（曾月明、许素，2019）。

通过上述步骤，共提取出初始概念 167 个、初始范畴 14 个，部分结果如表 6-1 所示。

表 6-1　开放性编码结果（部分）

原始资料	资料来源	概念化	初始范畴
合理的产业结构、以煤炭为主的能源消费、日益增加的高耗能耐用品消费和传统粗放型生产模式排放的二氧化碳； 与日俱增的能源消费将会给陕西省带来更加突出的环境压力； 应对日益严峻的气候变化及能源危机； 从全球范围来看，气候变化已经对全球环境造成了巨大压力，如两极冰川融化	《基于雾霾治理的区域经济结构转型升级》 《基于低碳视角的陕西能源消费与环境污染的灰色关联度研究》 《中国加速迈向“低碳未来”》 《陕西省供给侧结构性改革的问题与路径研究》	经济发展模式加剧环境压力； 能源消费增加带来突出环境压力； 全球环境问题激增，人类面临严峻的环境压力	环境压力
重化工业的加速发展必然导致全省生态系统质量下降，生态受到威胁； 第二产业的发展会导致大量工业废气、二氧化硫、氮氧化物等污染物的排放，建筑扬尘以及汽车尾气排放，加重了城市交叉污染	《陕西省煤炭企业发展低碳经济的金融支持研究》 《胡和平省长、张道宏副省长在全省治霾工作会议上的讲话》	产业结构加重污染； 废气排放加重污染； 居民生活水平提高； 加剧环境污染	空气污染
以环境污染和资源过度消耗为代价的粗放型工业化模式，严重突破了环境容量和资源承载力的限制，造成了工业发展和生态环境之间矛盾日益突出； 低碳发展中的“发展”应该包括两个方面的内涵，一是经济的发展，二是大力推进生态文明建设是事关人民美好生活的重要课题	《基于空间均衡视角的区域高质量发展内涵界定与状态评价——以陕西省为例》 《关于加快建立健全绿色低碳循环发展经济体系的指导意见》 《绿色发展如何迈上新台阶》	粗放发展模式矛盾突出； 高质量发展满足人们需要； 人们追求美好生活； 生态文明建设是人民美好希望	社会诉求
以低排放、低能耗、低污染为特征的低碳经济正日益成为国际社会经济发展的趋势； 低碳发展成为衡量一国经济社会发展方式转变的重要指标； 必须树立和践行“绿水青山就是金山银山”的理念，坚持节约资源和保护环境的基本国策，像对待生命一样对待环境	《基于低碳视角的陕西能源消费与环境污染的灰色关联度研究》；党的十九大报告； 《刘国中省长在第十七次陕北高端能源化工基地座谈会上讲话》	低碳成为国际发展趋势； 发展的根本目标——低碳发展； 发展低碳经济是大势所趋； 两个一百年奋斗目标	发展趋势

续表

原始资料	资料来源	概念化	初始范畴
加快推动绿色低碳发展； 推动落实中国政府承诺碳排放减排的目标； 低碳试点是实现中国绿色发展的一项重要政策； 人与自然和谐发展已成为中国经济社会发展的重要战略	《陕西省国民经济和社会发展第十四个五年规划和二〇三五年远景目标纲要》 《低碳试点政策实施效果研究——基于合成控制法的证据》	国家制定低碳发展策略推动实现减排承诺绿色发展政策； 人与自然和谐发展是国家重要战略	发展战略
陕西省加快氢燃料电池汽车产业培育，搭建了产学研用合作平台； 发挥省部共建西部绿色建筑国家重点实验室作用，通过省级科技计划项目支持节能环保、清洁生产、清洁能源等领域关键核心技术突破	陕西省人民政府关于政协第十三届全国委员会第四次会议第1984号（经济发展类260号）； 《陕西省人民政府关于支持榆林高质量发展的意见》	搭建产学研平台培育氢燃料汽车； 共建绿色重点实验室，推动清洁能源技术研究； 建设国家级煤炭创新中心； 建设传统能源高端化培育基地	技术项目投入
以陕汽控股集团、比亚迪汽车公司等整车企业为龙头，带动全省动力电池、电机、汽车电子、先进内燃机、高效变速器等企业加快发展，统筹规划； 加快充电设施和加气站建设，形成完备的产业配套体系； 充电基础设施的建设对促进新能源汽车发展尤为关键； 加强新能源汽车充换电、加氢等配套基础设施建设	《陕西新能源汽车商业推广模式创新及保障措施》 《陕西省人民政府关于印发加快建立健全绿色低碳循环发展经济体系若干措施的通知》 《陕西省人民政府关于贯彻落实国务院节能与新能源汽车产业发展规划的实施意见》	产业配套体系； 充电基础设施建设促进新能源汽车发展； 加强配套设施建设	能源基础设施投入
2014年9月，西安市出台了“一揽子”新能源汽车推广应用鼓励政策，涉及整车补贴、牌照政策优惠、交强险补贴、充电设施补贴、废旧车辆补贴等； 2023年3月，西安市政府办公厅印发《西安市支持新能源汽车扩大生产促进消费若干措施》，涵盖新能源汽车生产、销售、充电设施建设、使用环境优化等五大方面10条措施，对符合条件的新能源汽车，延续实施国家相关部委免征车辆购置税的优惠政策	《陕西新能源汽车商业推广模式创新及保障措施》 《西安市支持新能源汽车扩大生产促进消费若干措施》	充电设施补贴； 电动汽车补贴； 国家补贴配套	政策鼓励

续表

原始资料	资料来源	概念化	初始范畴
创新环境监管方式，推广“双随机、一公开”等监管； 严格环境执法检查，开展关中地区大气污染热点网格监管，加强工业炉窑排放、工业无组织排放、污染治理等环境执法，严厉打击“散乱污”企业； 全面打好污防治攻坚战，推进冬季清洁取暖，完成燃煤机组超低排放改造，推进余热暖民项目建设； 深入实施能源民生工程，扎实推进神木热电、榆神榆林西南热电联产工程，启动“气化榆林”二期工程	《陕西省人民政府关于印发铁腕治霾打赢蓝天保卫战三年行动方案（2018—2020 年）（修订版）的通知》 《陕西省人民政府关于印发加快建立健全绿色低碳循环发展经济体系若干措施的通知》 《陕西省人民政府关于支持榆林高质量发展的意见》	鼓励企业扩宽市场； 监管污染企业； 建设清洁取暖项目； 实施能源民生工程； 完善新能源汽车标准规范； 园区循环改造措施	政府行为
目前该村农户的炊事、取暖等生活能源仍以煤炭、秸秆、柴薪等固体燃料为主，可再生清洁能源使用量为零； 消费偏好值越高的农户家庭越倾向于使用商品能源； 民众日常消费与循环经济的消费理念接轨	《能源转型视域下“零碳乡村”的可行性和环保性》 《陕西农户生活能源消费结构影响因素实证研究》	农户环保意识匮乏； 引导树立绿色消费观； 消费理念低碳化； 消费偏好转变	消费行为
以减量化、再利用、资源化为原则，实施企业循环式生产、园区循环式发展、产业循环式组合，推进能源梯级利用； 企业向低碳生产转化，供给低碳产品，转变企业的经营目标，将低碳发展作为企业自身发展的内在动力	《西部特大城市低碳发展的现状问题及目标策略研究》 《胡和平省长、张道宏副省长在第十一次陕南绿色循环发展座谈会上的讲话》	龙头企业带动转型； 企业发展低碳化； 企业生产低碳化	生产行为
证监会根据企业经营状况，适当降低煤炭企业入市门槛，可设立“低碳板块”，帮助煤炭企业融资； 保险公司可开发设计适合发展低碳经济的产品，对相关低碳项目提供担保，降低煤炭企业风险	《陕西省煤炭企业发展低碳经济的金融支持研究》	提供资金支持； 帮助煤炭企业融资； 提供保险支持	金融机构行为
以天然气、水电、核能等能源为主，有利于开展低碳经济，避免严重的大气环境污染； 在新能源产业方面，重点推动风力发电光伏产业的项目建设，构建多晶体硅太阳能光伏发电产业链	《新型城镇化视角下矿产资源富集区产业转型研究》 《基于雾霾治理的区域经济结构转型升级》	加快新能源技术推进； 新能源促进电力行业发展； 新能源技术促进节能减排	新能源技术研发

续表

原始资料	资料来源	概念化	初始范畴
选煤作为清洁能源的基础技术，需要大力发展； 加大力度对传统煤炭产业改造升级，不断延伸产业链，提高附加值； 在煤炭洁净加工、粉煤热解、金属镁、智能采掘等领域攻克一批关键核心技术； 加大延安商新区、榆林科创新城等创新平台建设力度； 提高传统产业的能源利用效率； 进一步开发煤炭清洁生产技术	《陕西省供给侧结构性改革的问题与路径研究》 《陕西省人民政府关于支持榆林高质量发展的意见》 《新型城镇化视角下矿产资源富集区产业转型研究——以陕西榆林为例》 《陕西省榆林市能源效率与经济发展水平时空耦合分析》	创新推动能源高端化发展； 发展传统能源产业基础技术； 高新技术改造传统能源产业； 技术创新驱动转型； 提升能源利用效率； 煤炭清洁生产技术	传统能源技术改造

资料来源：根据扎根分析编码结果整理。

6.2.2 主轴性编码

主轴性编码是程序化扎根分析的第二阶段，也是最关键的一步。简单来说，主轴性编码就是将上一阶段得到的 14 个初始范畴进一步比较分析提炼，厘清其内在关系，最终形成概括性更高、统领性更强的主范畴。通过主轴性编码，共提取出 7 个主范畴，分别为环境气候、社会愿景、政治趋势、主体行为、能源技术、新增能源基础设施、利基发展，具体如表 6-2 所示。

表 6-2　主轴性编码结果

主范畴	初始范畴	范畴内涵
环境气候	环境压力	处于“高碳锁定状态”的能源系统在运行过程中造成了空气污染、废水过度排放等一系列环境问题，从而加剧了陕西省能源系统的环境压力，对人民身体健康产生了一定的负面效应
	空气污染	
社会愿景	社会诉求	中共十九届五中全会第二次全体会议指出，我国已经进入新的发展阶段，将会更加注重人民生活质量。另外，随着我国整体发展水平的提高，人们更多追求高质量的生活，希望生活在一个更加清洁的环境中

续表

主范畴	初始范畴	范畴内涵
政治趋势	发展趋势	不论从世界和我国的整体发展趋势，还是我国的发展战略来看，能源低碳转型都是不可否认的发展方向，最终形成了我国的能源系统向着低碳方向转型的政治趋势
	发展战略	
主体行为	消费行为	转型往往涉及系统内多个参与主体的行为，包括能源生产及供应者、能源消费者、政府以及金融机构等资金提供者的行为。这些主体行为之间相互影响，从而直接或者间接推动能源系统的低碳转型进程
	生产行为	
	政府行为	
	金融机构行为	
能源技术	传统能源技术改造	传统能源技术的清洁化和低碳化发展提升传统能源利用效率，降低能源技术成本，提高生产要素的使用效率。另外，新能源的研发可以加快替代传统能源。最终，在两者的共同作用下，碳排放不断减低，化石能源消费比重逐渐下降
	新能源技术研发	
新增能源基础设施	能源基础设施投入	能源基础设施通过为社会生产和居民生活提供公共服务保证能源系统的正常运行。随着低碳转型的不断进行，能源基础设施的建设力度也将加大，从而更好地适配能源系统的低碳转型工作
利基发展	技术项目投入	技术项目的培育和研发可以满足能源系统低碳转型时的技术需求，为能源转型提供源源不断的驱动力，而能源使用的高效化、清洁化需要依靠相关的关键性技术；
	政策鼓励	政府在转型初期会通过颁布激励性的政策以及保障基础设施建设来为能源系统转型营造一种良好的转型环境，从而驱动转型的顺利进行

考虑到篇幅原因，本研究只对部分主轴性编码提取过程进行举例说明。例如，依据开放性编码分析提取出的“低碳成为国际发展趋势”“发展低碳经济是大势所趋”“绿色发展政策”“发展的根本目标是低碳发展”“人与自然和谐发展是国家重要战略”“减排承诺”等初始概念，进一步通过抽象化过程，得到“发展方向”这一初始范畴。在此基础上，经专家研讨和小组反复分析讨论，最终认为“发展方向”初始范畴属于“发展趋势”这一主范畴，并将“发展趋势”这一主范畴的内涵界定为：不论从世界和我国的整体趋势，还是我国的发展规划方向来看，能源低碳转型都是不可否认的发展方向，我国的能源系统会向着低碳的方向转型发展。

6.2.3　选择性编码

本研究在开放性编码过程中获得了 14 个初始范畴，进而通过主轴性编码将 14 个初始范畴归并为 7 个主范畴。结合社会-技术转型 MLP 理论，将这 7 个主范畴归类到能源-社会-技术系统的三个层级，具体为：社会愿景、政治趋势、环境气候归类为景观层，主体行为、新增能源基础设施和能源技术归类为体制层，利基发展归类为利基层。按照程序化扎根理论分析的选择性编码要求与步骤，通过对访谈资料、概念、范畴、主范畴的分析与讨论，并以故事线方式描绘现象与脉络架构，最终将“陕西省能源系统低碳转型驱动因素”确定为核心范畴，并构建出驱动机制理论模型，如图 6-1 所示。

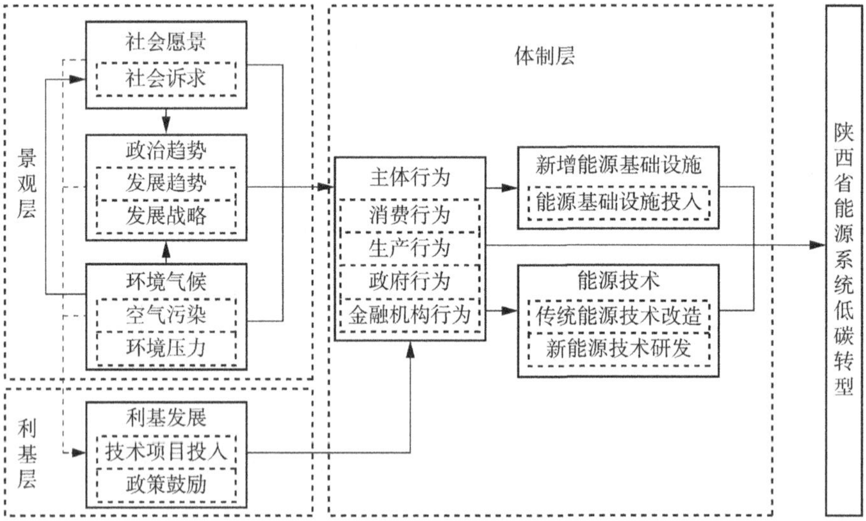

图 6-1 陕西省能源系统低碳转型驱动机制理论模型

基于图 6-1，可以将故事线概括如下。

从三个层级的因素来看，体制层的各类因素是驱动陕西省能源系统低碳转型最直接、最主要的核心因素，陕西省能源系统低碳转型实质上是体制层因素整体发生的变革。其中，主体行为不仅对陕西省能源系统低碳转型有直接驱动作用，还能在一定程度上对能源技术和新增能源基础设施产生影响，从而驱动陕西省能源系统的低碳转型。景观层的因素是驱动陕西省能源系统低碳转型的间接因素，主要通过影响体制层中的主体行为，驱动陕西省能源系统低碳转型。而利基层的因素与景观层的因素类似，主要通过驱动体制层中的能源技术间接驱动陕西省能源系统低碳转型。

6.2.4　理论饱和度检验

在完成程序化编码，提炼出初始范畴、主范畴和核心范畴之后，为了保证分析结果具有良好的效度和理论饱和度，还需要进行理论饱和度检验。理论饱和度检验是在完成前期的分析和归纳工作后，对预留的原始资料运用同样的方法进行分析和归纳。在此过程中，若未识别出新概念与新范畴，则表明前期通过扎根理论分析获得的结果是饱和的。本研究按照三级编码分析过程分析预留的原始资料，并反复比对前后两次分析的结果，未发现新的概念和范畴。由此可以认为，本研究通过程序化扎根理论分析获得的结果是饱和的，通过了理论饱和度检验。

6.3　理论模型阐释

本研究运用程序化扎根理论分析方法，通过开放性编码、主轴性编码和选择性编码三个步骤，得到了驱动陕西省能源系统低碳转型的社会-技术系统三个层级的 7 个主范畴。这 7 个主范畴分别是：环境气候、社会愿景、政治趋势、主体行为、能源技术、新增能源基础设施和利基发展。

6.3.1　驱动因素说明

（1）环境气候

环境气候主要包括环境压力和空气污染两个二级因素。环境压力是指全球性气候恶化导致的全人类共同面临的压力，比如，气温升高、两极冰川融化等问题。这种压力对于陕西省能源系统来说同样存在。空气污染是指人类自身活动增加，如工业活动、交通运输活动以及冬季取暖等，加上粗放的经济发展模式，导致空气中有害物质浓度迅速上升，最终对人类的健康产生威胁。环境气候的不断恶化对社会愿景产生影响，也对陕西省能源系统低碳转型形成巨大压力。

（2）社会愿景

社会愿景主要指社会诉求。一方面，我国经济已经由高速增长阶段转向高质量发展阶段，新发展阶段意味着有新的发展要求。另一方面，随着人们收入水平的提高，人们对于精神追求即对于美好生活的追求越发强烈，而生活质量是美好生活的重要组成部分，空气质量是生活质量的一个重要衡量指标，而能源系统又与空气质量息息相关。因此，美好生活意味着人们可以拥有更加清洁的空气以及绿色环保、低污染的环境。基于此，当前社会愿景以绿色、低碳化发展为主。社会愿景由体制层中的能源消费者主体产生，然后作用于体制层的政府主体，为政府主体的决策提供信号方向。

（3）政治趋势

政治趋势是指陕西省能源系统面临的总体发展基调，其会释放出一个方向性的信号，从而对陕西省能源系统低碳转型的方向产生影响。政治趋势主要包括发展趋势和发展战略。发展趋势不仅包括我国面临的发展趋势，也包括全球认同的发展趋势。目前来看，低碳是世界公认的发展趋势。发展战略是指我国当前的各种发展战略，以“十四五”规划为例，低碳、绿色发展是我国当前和未来一段时期内重要发展战略之一，而陕西省必定会以国家的发展战略为基础制定陕西省域层面的能源系统低碳转型目标和举措。因此，政治趋势是驱动陕西省能源系统低碳转型的方向性因素。

（4）主体行为

主体行为是指陕西省能源系统中的各类主体通过决策行为直接影响陕西能源系统低碳转型。陕西省能源系统中的主体包括政府、能源消费者、能源生产及供应者以及金融机构。相应地，主体行为包括政府行为、消费行为、生产行为和金融机构行为。政府一般通过制定相关的政策和发展计划以及增加投入等方式推动能源系统低碳转型，是能源系统低碳转型过程中的首要力量。在社会愿景和政治趋势的影响下，政府会制定相关的、具体的规范政策和规划政策。规范政策是指政府针对部分行业企业制定的约束性政策，如改进排污法规、奖励主动减排的生产企业等，制定新能源行业的规范性政策以控制发展中的乱象等。规划政策可以体现出未来发展方向的政策，如调整能源消费结构的政策、发展新能源产业的规划等。另外，政府的行为会直接影响能源消费者和能源生产及供应者中企业的行为，在促进相关企业发展相关能源技术以及建设能源设施的同时，还能促使金融机构提供资金保证企业的运行。能源生产及供应者的参与行为主要体现在对新能源产品的开发和推广中，能源生产及供应者往往由企业组成，企业的目的是追逐利益，为了获取更多利益，其需要占据更多的市场份额。换句话说，企业通过满足消费者的需求获取更多的利益。对于能源消费者来说，能源消费需求主要体现在价格和产品两个方面。我国能源价格主要由政府制定，对于新能源产品，政府也会通过鼓励性补贴促进能源消费者购买，因此，对于能源生产及供应者来说，拥有新能源产品成为获取更多利益的关键因素。最终，能源生产及供应者会注重能源技术的研发，从而开发新的能源产品。能源生产及供应者的参与行为不仅使生产企业通过技术进步降低产品成本，也促进能源系统中能源技术整体提高。能源消费者是能源产品的最终消费端，受社会愿景的驱使、发展潮流的改变以及政府政策的推动，其能源消费观念和行为会发生变化，会更加注重环保，从而选择低碳产品和新能源产品，最终促进能源结构优化，实现能源系统低碳转型。

（5）能源技术

能源技术包括新能源技术研发和传统能源技术改造。对于陕西省能源系统而言，煤炭仍然占据能源结构的主体地位。因此，通过对传统能源技术的改造提高传统能源的生产效率，从而降低传统能源在生产过程中的碳排放量，有助于陕西省能源系统的低碳转型。而新能源技术研发可以扩大新能源技术的应用规模，攻克尖端技术难题，从而更好地完成新能源对传统化石能源的替代，最终优化能源结构。

（6）新增能源基础设施

新增能源基础设施是指能源基础设施投入。能源基础设施是指政府为能源系统的稳定运行建立的必要设施，在能源系统低碳转型过程中发挥着不可替代的作用。在能源系统转型过程中，对于能源基础设施的需求会不断增加，相应地，对于能源基础设施的投资额也会随之增加。

（7）利基发展

利基发展是指对能源系统中新兴技术的产生和成长实施的一些支持性行为，主要包括技术项目投入和政策鼓励。技术项目投入是指对能源系统中存在的一些与能源相关的高新技术培育项目的投入，这些高新技术项目往往由多主体（如企业、政府和高校等）研究机构共同建立，是整个能源系统的创新源泉。技术项目的大力投入可以加速能源技术的提升与产业的发展壮大，最终对能源系统低碳转型起到间接驱动作用。政策鼓励是指政府通过鼓励补贴性政策鼓励企业研发创新，提高能源技术，从而推动能源结构优化，对能源系统低碳转型起到间接的推动作用。

6.3.2 故事线阐释

通过上述编码分析和各因素对陕西能源系统低碳转型影响的分析，可以构建出 MLP 下陕西省能源系统低碳转型驱动机制理论模型，如图 6-2 所示。

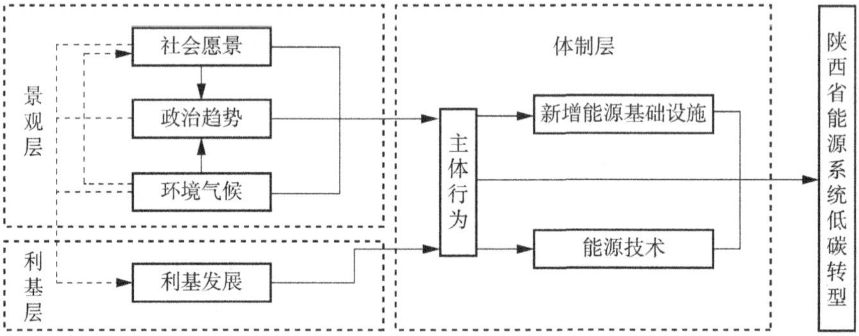

图 6-2　陕西能源系统低碳转型驱动机制理论模型

总体来说，能源系统低碳转型实质上是体制层的因素在景观层的因素和利基层的因素影响下，最终驱动能源系统实现低碳转型。具体来看，又可以分为由景观层因素主导和由利基层因素主导两种类型的驱动机制。

（1）景观层因素主导型驱动机制

随着气候环境日益恶化，一方面，人们形成了追求更高质量生活环境的社会愿景，同时，社会愿景的形成也对政治趋势产生影响。另一方面，气候环境的变化不仅直接对体制层要素产生影响，也会对政治趋势产生影响。因此，景观层因素共同驱使体制层中的主体行为，迫使政府、能源消费者、能源生产及供应者和金融机构四类主关键主体实施相应变革行为。具体来说，政府主体在景观层因素的影响下开始行动，制定并实施相关政策，从而直接促进能源技术提升，同时加强能源基础设施的投资建设。能源消费者在景观层因素影响下产生新的能源需求，迫使能源生产及供应者加强能源技术的研发从而满足其消费需求。金融机构主体则通过提供资金等方式为能源生产及供应者的研发投入以及政府主体的相关行为提供资金保障，最终共同加速陕西省能源系统的低碳转型。

（2）利基层因素主导型驱动机制

利基层的技术项目投入和政策鼓励因素为能源创新企业研发新的能源技术创造了有利氛围，也为新能源产品的普及创造了必要条件。具体来看，在政府鼓励政策的影响下，陕西省能源系统中的能源生产及供应者作为逐利主体，会加大对能源技术的研发投入，从而推出成本更低、更受能源消费者青睐的能源产品。政府的行为（如出台价格补贴政策）促使能源消费者快速接受新能源产品，与能源生产及供应者形成相互促进的关系，从而促进能源技术提升，最终推动陕西省能源系统的低碳转型进程。

6.4　本章小结

本章利用多个渠道的一手和二手资料，运用程序化扎根理论分析方法，通过识别得到了驱动陕西省能源系统低碳转型的 14 个二级因素，并在此基础上将其归并为 7 个一级因素，然后以社会-技术转型 MLP 理论为基础，将 7 个一级因素划归三个层级，并初步构建出陕西省能源系统低碳转型驱动机制模型，为下一章验证性分析奠定了理论基础。

第7章

MLP下陕西省能源系统低碳转型驱动机制模型检验

本章对第 6 章得出的理论模型开展验证性分析。

7.1 研究设计

7.1.1 定性比较分析方法

20 世纪 80 年代，美国加利福尼亚大学教授查尔斯·C. 拉金（Charles C. Ragin）出版了学术专著《比较方法》，定性比较分析方法由此开始进入社会科学的研究领域。在此之前，社会科学领域中的主流研究方法有定量研究和定性研究两大类，其中，传统定量研究普遍基于普适视角和权变视角的分析逻辑，研究逻辑较为单一，导致在做定量研究时往往需要以寻找相关变量在大样本统计上的显著性作为研究的基本逻辑（夏鑫、何建民、刘嘉毅，2014）；而传统定性研究都是基于相关个案进行的归纳或者逻辑演绎，无法验证结论的普遍适用性，这也是传统定性研究的短板。定性比较分析方法的出现中和了上述两类研究方法，继承了传统定性研究的特点和传统定量研究的优势，是一种兼具两种方法优势的综合研究策略（Rihoux and Ragin，2009）。

定性比较分析方法主要以讨论集合间的隶属关系为基本手段，采用布尔代数的逻辑分析实际问题。目前，定性比较分析方法已经发展出了三种具体操作方法，即确定集定性比较分析方法、模糊集定性比较分析方法和多值集定性比较分析方法。其中，确定集定性比较分析方法只能处理原因变量和结果变量均为二分变量的案例，即对阈值进行设定时只采用二分法

（0、1），导致分析结果只能为某一条件因素是不是结果因素的原因。模糊集定性比较分析方法和多值集定性比较分析方法是在确定集定性比较分析方法的基础上发展起来的两种并行的新方法。模糊集定性比较分析方法的原理与确定集定性比较分析方法的原理一致，其可以设定 0~1 的任何数值体现条件因素的隶属程度，一般采用的方法有四值法（0、0.33、0.67、1）、六值法（0、0.2、0.4、0.6、0.8、1）和连续值法。多值集定性比较分析方法可以看作确定集和模糊集之间的一个中间状态，不同的是，其在扩展二分法的基础上，将原来的确定集拓展成了一种可以处理类别变量的方法，常用于研究多类别现象。

综上所述，本研究采用定性比较分析方法，基于多案例比较，系统分析陕西省能源系统低碳转型的驱动机制，主要原因有以下几点。

其一，在探究陕西省能源系统低碳转型的驱动机制时，仅仅关注单一因素或者部分因素的交互作用无法满足研究需求，结合前文的研究可以初步推断，陕西省能源系统低碳转型是由多个因素共同驱动的，存在多因素之间的复杂作用关系。而常规的、基于普适逻辑和权变逻辑的研究方法，研究 3 个以上变量的交互作用会显得乏力（杜运周、贾良定，2017），使用 QCA 方法既可以有效规避上述缺陷，也可以保证理论框架的完整性。

其二，陕西省能源系统的低碳转型本质是一种多重因果并发型的复杂社会问题，其转型结果并非由某一个或者某几个因素导致的，而是多重因素复杂并发作用造成的。相比于传统的定性或者定量研究方法，QCA 方法最大的特点之一是因果的非对称性，因此其更适合解决这类复杂的社会问题（Fiss，2011）。

其三，本研究仅有 10 个案例，属于中小型样本，无法满足常规定量研究要求的大样本，并且单纯使用定性研究方法不能使结果具有普适性。因此，擅长分析中小型样本的 QCA 方法完全符合本研究的需求。

进一步地，通过对变量数据的初步观察分析发现，在数据阈值设定时，csQCA、mvQCA 中的二分类或三分类设定方法无法满足研究需求，因此，采用 QCA 方法中的 fsQCA 方法更符合本研究的要求。

7.1.2 数据来源

本研究以陕西省 10 个地级市为案例对象，时间跨度设定为 2016—2020 年，对应我国的“十三五”时期。其原因主要有三个。其一，从前文对陕西省能源政策数量的分析可知，陕西省能源转型工作从 2005 年全面开始；陕西省能源政策的数量从 2010 年开始迅猛上升，2015 年左右进一步上升，并且保持在高位。因此，从实证分析的角度出发，2010 年之后的数据更能有效反映陕西省能源系统低碳转型效果。其二，陕西省能源系统低碳转型大致分为四个阶段，分别对应我国“十一五”时期、“十二五”时期、“十三五”时期和“十四五”时期，从前文的分析可知，前两个时期更多处于筹备和起步阶段，特别是陕西省新能源产业在 2010 年进入实质性发展起步阶段，效果往往会在几年后体现出来。其三，无论是我国整体层面还是陕西省域层面，“十三五”时期都是能源转型极其重要的一个时间段。我国分别于 2014 年和 2016 年出台《能源发展战略行动计划（2014—2020 年）》和《能源生产和消费革命战略（2016—2030）》，说明相比于“十一五”时期和“十二五”时期，“十三五”时期我国对能源低碳转型重视程度更高。陕西省能源系统经过“十二五”时期的酝酿发展，在“十三五”时期进入一个加速发展时期。综上所述，对于陕西省来说，2005 年开始的能源低碳转型成效在“十三五”时期逐渐体现出来，因此，本研究选择陕西省“十三五”时期（2016—2020 年）的相关数据进行分析研究。数据主要来源于相应年份的《中国城市统计年鉴》、《陕西统计年鉴》和陕西各个地级市的统计年鉴、《陕西科技年鉴》，真气网平台以及陕西及其地级市的人民政府网站、统计局及发展和改革委员会公布的统计数据、统计报告等。

7.1.3 变量确定

fsQCA 的相关要素来自上一章程序化扎根理论分析得到的陕西省能源系统低碳转型的驱动因素。

7.1.3.1 结果要素

陕西省能源系统低碳转型是本研究的结果要素。结合我国近年来发布的《能源生产和消费革命战略（2016—2030）》《“十四五”现代能源体系规划》《“十四五”可再生能源发展规划》等一系列战略规划文件以及能源低碳转型的定义来看，我国目前能源转型的发展重点和目标是优化能源消费结构，完成非化石能源对煤炭等化石能源的替代。同时，参考冯永晟等（2020）的做法，用能源消费结构反映陕西省能源系统低碳转型进程。一般情况下，采用煤炭消费量占能源消费总量的比重衡量能源消费结构。但在实际研究中，地级市的部分数据无法获得，因此部分学者在做地级市的能源结构研究时采用电能替代的方法。比如，张雪峰等（2020）通过居民用电量与能源消费的比值粗略地估计能源结构。另外，结合陕西省能源转型的实践来看，陕西省的电能主要通过火力发电、水力发电以及光伏发电获得，其中，工业用电主要来自火力发电。因此，本研究采用全社会用电量中工业用电占比反映陕西省的能源消费结构。另外，对于能源系统低碳转型的效果，往往采用一段时间内能源消费结构的变化值衡量（熊永清等，2019）。从前文的陕西省能源系统低碳转型特征可以发现，陕西省以能源化工产业为主，短时间内完全舍弃赖以生存的能源化工产业是不现实的。因此，能源消费结构并没有明显的改进趋势，但是能源消费的增加速度是逐年下降的。综上所述，本研究采用 2016—2020 年工业用电占全社会用电量比重的变化率差值反映陕西省能源系统低碳转型的成效。

7.1.3.2 条件要素

条件要素均来源于上一章程序化扎根理论分析的结果，具体如下。

（1）环境气候

一是环境压力。目前，大多数研究以工业废气的排放量衡量一个区域的环境水平，因此，本研究参考张志彬（2021）的研究，采用陕西 2016—2020 年各个地级市工业废气排放量的均值衡量城市的环境压力，数据来源于 2017—2021 年的《陕西统计年鉴》。

二是空气污染。参考李慧和涂家豪（2020）的研究，通过真气网平台查询2016—2020年各个地级市的PM2.5指数的均值，以衡量空气污染程度。

（2）社会愿景

社会愿景用社会诉求来体现。随着经济发展水平以及居民收入水平的提高，人们越来越追求更加舒适的生活环境。由于各个地级市人们生活水平有所差异，其对美好生活的追求也会存在差异。本研究首先给陕西省各个地级市赋值为0.6（有些隶属，详解见7.2.2节），表示陕西省的各个地级市都偏向于有着同样的社会诉求；其次将各地级市居民收入指标（人均可支配收入）和空气污染指标（PM2.5浓度）分别进行排序；最后利用雾霾污染指标的序号减去居民收入指标排序序号，得到各地级市的相对差异数值，数值越大，表示差异越大，若数值为负数，则表明环境质量排名高于居民收入排名，其没有额外的社会诉求，取值调整为0。这部分获得的数据在校准后（校准范围为0~0.4），与前一部分的基础赋值（0.6）进行加总，最后得到数据的数值范围为0~1。

（3）政治趋势

一是发展趋势。能源系统低碳转型不仅是世界趋势，也是我国重要的发展方向，并且我国已经做出了碳达峰碳中和目标的郑重承诺。陕西省也应顺应这一发展趋势，同时有义务为实现国家的能源转型发展目标而努力，陕西省下属的地级市同样如此。故选择直接赋值法，将陕西省各地级市都赋值为1（完全隶属），表示陕西省各个地级市均顺应了能源低碳转型的趋势。

二是发展战略。能源系统低碳转型是我国整体的发展战略。从理论上来说，本着因地制宜的发展原则，各个省份都会基于国家的发展战略结合自身实际情况做出一定的适应性调整，从而对下属的各个地级市发展做出指导，各个地级市再结合自身的实际情况进一步细化发展战略，因此，不同地级市的发展战略也会有所区别。学者在做类似的研究时，往往采用相关的政策数量进行衡量，如熊勇清等（2019）。但本研究在实际搜寻数据资料的过程中发现，以省为研究单位，政策搜寻较为容易，同时，不同省份的政策数量差别也较大。但若以一个省的地级市为分析单位，这种差异体现得则不太明显，同时，不同地级市对于网站建设以及政策文件的报道也不一致，导致研究的可靠性降低。另外，从客观上来讲，一个省域内各个地级市的发展战略差别一般不会太大，通过政策文件的数量差异体现各地发展战略的差异不如直接默认为各个地级市均实行能源低碳转型战略。因此，综合考虑下，发展战略这一因素暂不作为本研究的关注要素。

（4）主体行为

一是消费行为。本研究参照张志彬（2021）的做法，采用百度指数衡量个人对能源低碳转型参与的程度。本研究使用百度搜索引擎以“能源”“低碳”“转型”为关键词提取 2016—2020 年陕西省各个地级市的百度指数，然后取其均值反映陕西省各个地级市的消费行为。

二是生产行为。在能源系统中，企业是生产端的主体，对于能源产品的研发支出是企业参与能源系统转型的最直接体现。但在衡量能源生产企业参与能源转型程度时，不同学者有不同的做法。比如，贺伟东和张延群（2022）采用规模以上工业企业的研发费用支出表示企业参与程度，熊妍婷和黄宁（2010）则采用各个地级市工业产值和规模以上企业综合能源消费量的比值反映这一指标。考虑到数据的可获得性，本研究决定参考熊妍婷和黄宁（2010）的做法，数据来源于《陕西统计年鉴》、陕西各个地级市的统计年鉴及其统计局和人民政府网站。

三是政府行为。参考李雪松（2018）的做法，结合数据的可获得性，采用陕西省各个地级市 2016—2020 年平均公共收支比的均值表示政府参与程度，数据来源于《中国城市统计年鉴》。

四是金融机构行为。由前文分析可知，在陕西省能源系统中，金融机构通过为企业提供贷款的方式支持企业的发展。因此，本研究参考冯梦骐和邢珺（2018）的做法，同时考虑地级市数据的可获得性，采用陕西省各个地级市 2016—2020 年每年末金融机构贷款余额的均值表示资金提供者的参与程度，数据来源于陕西省各个地级市的统计年鉴。

（5）能源技术

一是传统能源技术改造。传统能源技术改造带来的更多是生产效率提升，因此，本研究参照熊妍婷和黄宁（2010）的做法，采用陕西省各个地级市 2016—2020 年的全要素生产率均值进行衡量；计算公式采用 Battese 和 Coelli（1992）提出的随机前沿函数（SFA）模型计算得出。

二是新能源技术研发。本研究参考申萌等（2012）的做法，同时考虑到地级市数据的可获得性，采用陕西省各个地级市 2016—2020 年专利授权数量的均值体现新能源技术研发水平，数据来源于《中国城市统计年鉴》。

（6）新增能源基础设施

新增能源基础设施采用能源基础设施投入反映。参考李慧和涂家豪（2020）的做法，本研究选取陕西省各个地级市 2016—2020 年的能源工业投资额均值作为能源基础设施投入的衡量指标，数据来源于《陕西统计年鉴》。需要说明的是，陕西省在 2020 年之后的统计年鉴中只公布了能源工业投资额的增长速度，因此，2019 年和 2020 年数据根据增长速度计算得来。

（7）利基发展

一是技术项目投入。参考白雪洁等（2014）的做法，采用陕西省各个地级市 2016—2020 年政府预算内科学技术支出和教育事业支出之和占总预算内支出的平均比值反映技术项目投入程度，数据来源于《中国城市统计年鉴》和《陕西科技年鉴》。

二是政策鼓励。政策鼓励因素表示政府推出的关于（新）能源产业发展的鼓励性质以及补贴性质的政策。因此，本研究参考孙肖阳（2017）、熊勇清等（2019）的做法，在陕西省各个地级市的发展和改革委员会以及人民政府网站中，分别以“能源补贴”和“能源鼓励”为关键词搜索 2016—2020 年的政策文件，经过人工筛选后，统计出各个地级市相关政策文件数量的均值，用来反映不同地级市的能源政策差异。

7.2 数据校准

原始数据并非以集合的形式存在，为了满足布尔运算的要求，需要对原始数据进行模糊集校准，从而给予原始数据归属度，使其转化成集合（杜运周、贾良定，2017），只有校准后的数据才能用于 fsQCA 方法。

7.2.1 结果的阈值

陕西省能源系统低碳转型是本研究的结果要素，由前文可知，能源消费结构是陕西省能源系统低碳转型的具体体现。基于此，本研究参照 Fiss（2011）的研究，将阈值设定为数据的 75%、50%和 25%的值，分别表示完全隶属、交叉隶属和完全不隶属。

7.2.2 条件的阈值

一是空气污染。根据世界卫生组织（WHO）提出的关于环境污染的标准，将阈值确定为 35、25 与 15。

二是社会诉求。首先直接给每个地级市的社会诉求赋值 0.6，表示每个地级市都有些隶属于社会诉求集合；其次根据前文的方法校准每个地级市的数值，并将两者相加，若后一部分数值为负数，则表示没有额外的社会诉求；最后阈值设定为 3、0.5 和 0。

三是发展趋势。如前文所述，全球及我国关于能源转型的整体发展趋势都是比较明确的，一个省份中的每个地级市同样如此。因此，采用直接赋值法，赋值为 1。

需要特别说明的是，除上述三个条件要素以外，其余条件要素阈值的设定主要参考 Fiss（2011）的结论，将阈值设定为数据的上四分位数、中位数以及下四分位数，分别表示完全隶属、交叉隶属和完全不隶属。

所有结果要素和条件要素的阈值设定如表 7-1 所示。

表 7-1　结果要素和条件要素阈值设定

因素	阈值		
	完全隶属	交叉隶属	完全不隶属
陕西省能源系统低碳转型	0.011533064	0.008220512	0.005902427
环境压力	2.973886	1.484545	1.049146
空气污染	35	25	15
社会诉求	3	0.5	0
发展趋势	1	1	1
消费行为	17.9	7.5	3.85
生产行为	2.25925	1.435383	0.678461
政府行为	2.21646	1.403472	0.795196
金融机构行为	1580.36	1186.337	805.7135
传统能源技术改造	1.592783555	1.529341052	1.47409028
新能源技术研发	1890.188	1023.875	629.0625
能源基础设施投入	2443203	1193593	581069.1
技术项目投入	0.235804	0.223775	0.206252
政策鼓励	47	32	15.5

7.3　数据分析

7.3.1　单一条件必要性分析

在进行条件组合充分性分析之前，需要对每个单一条件进行必要性分析，从而确定每个单一条件对陕西省能源系统低碳转型是否具有必要性。具备必要性的条件是条件组合中的核心条件。单一条件必要性分析通过一致性和覆盖度两个指标反映。一致性是判断此条件是否为必要条件的主要指标，若某个条件一致性大于 0.9，则有理由认为此条件为必要条件。覆盖度表明某个单一条件在多大程度上能够解释结果的发生（夏鑫等，2014）。通过 fsQCA3.0 软件中的 Necessary Condition 功能对于所有条件因素进行检验，具体结果如表 7-2 所示。

表 7-2　条件因素必要性检验结果

条件因素	一致性	覆盖度
环境压力	0.596116	0.610338
空气污染	1.000000	0.527124
社会诉求	0.798058	0.542216
发展趋势	1.000000	0.515000
消费行为	0.394175	0.436559
生产行为	0.477670	0.507217
政府行为	0.687379	0.712274
金融机构行为	0.413592	0.424303
传统能源技术改造	0.675728	0.679688
新能源技术研发	0.390291	0.428571
能源基础设施投入	0.566731	0.624733
技术项目投入	0.566990	0.570313
政策鼓励	0.396116	0.421488

资料来源：根据 fsQCA3.0 软件必要性检验输出结果整理。

从一致性的结果来看，空气污染和发展趋势的一致性都超过了 0.9，表明空气污染、发展趋势是陕西省能源系统低碳转型的必要条件。其余条件的一致性均未超过 0.9，说明这些条件因素无法单独解释陕西省能源系统低碳转型，也说明了陕西省能源系统的复杂性，需要多个条件因素联合起来驱动陕西省能源系统的低碳转型进程。

7.3.2　条件组合充分性分析

从集合的视角出发，条件组合充分性分析用于探究多个条件构成的集合是否为结果集合的子集（Schneider and Wagemann，2012）。采用 fsQCA3.0 软件通过真值表进行充分性分析时，需要对案例的频数和一致性进行设置。本研究的案例数为 10，属于中小样本，因此，根据 Schneider 和 Wagemann（2012）等的研究结论，直接将案例频数设置为 1；根据 Fiss（2011）、程聪和贾良定（2016）的研究，将一致性设置为0.8。进一步进行标准分析（standard analysis），出现质蕴涵选项框时选择能源技术基础设施作为简约解的一种组合。紧接着，在形成中间解时，需要进一步对13个前因条件的状态进行设置。根据7.3.1节必要性分析的结果，将空气污染和发展趋势两个条件因素设定为Present，其余条件为默认设置（Present or Absent）。最终，通过真值表分析，可以得到复杂解、简约解和中间解三种结果。本研究根据简约解和中间解判定核心条件与边缘条件。其中，核心条件是指同时出现简约解和中间解的前因条件，对结果起到重要作用；而边缘条件是指只出现中间解的前因条件，对结果起到辅助作用。

除此之外，条件组合充分性分析结果采用Ragin（2008）提出的表达方式，具体为使用●和⊗表示条件存在与不存在，●为核心变量，•为边缘变量。条件因素充分性分析结果如表7-3所示。

表7-3　条件因素充分性分析结果

条件因素	解			
	H1	H2a	H2b	H3
环境压力	●	●	●	⊗
空气污染	•	•	•	•
社会诉求	•	•	•	•
发展趋势	●	●	●	●
消费行为	•	•	⊗	⊗
生产行为	⊗	⊗	⊗	•
政府行为	●	●	●	⊗
金融机构行为	•	⊗	⊗	⊗
传统能源技术改造	●	⊗	•	●
新能源技术研发	•	⊗	•	⊗
能源基础设施投入	⊗	⊗	•	•
技术项目投入	•	•	⊗	⊗
政策鼓励	⊗	⊗	•	⊗
原始覆盖度	0.128155	0.104854	0.124272	0.124272

续表

条件因素	解			
	H1	H2a	H2b	H3
唯一覆盖度	0. 116505	0. 0932039	0. 118447	0. 118447
一致性	0. 828125	1	1	1
总体解的一致性	0. 99578			
总体解的覆盖度	0. 458252			

资料来源：根据 fsQCA3. 0 软件真值表充分性分析输出结果整理。

由表 7-3 可知，上述前因条件共形成了四种不同的条件组合，并且总体解的一致性为 0. 99578，超过了标准值 0. 8，结果比较理想，表明条件组合具有较强的充分性；总体解的覆盖度为 0. 458252，说明这四种条件组合可以解释超过 40%的陕西省能源系统低碳转型案例，是陕西省能源系统低碳转型的典型案例，同时，反映出陕西省能源系统的复杂性。

7. 4　结果分析

7. 4. 1　条件组合内分析

7. 3. 2 节的充分性分析共出现了四种条件组合，根据核心条件的区别，可以构建三种陕西省能源系统低碳转型的驱动机制。

（1）以体制层传统能源技术为主的驱动机制

因素组合 H1 表明，在面临巨大环境压力以及整体能源低碳转型的发展趋势下，加强政府的引导以及政策监督作用、改造传统能源技术，能够有效驱动能源系统低碳转型。H1 代表以传统能源工业为支柱产业的地区，代表地区为榆林。榆林地处陕北地区，拥有丰富的矿产资源，使榆林形成了以能源工业为主的产业发展模式。2020 年，榆林能源工业产值 3787. 29 亿元，非能源工业产值 925. 69 亿元，能源工业产值占比达 80%。因此，对以榆林为代表的地区来说，舍弃能源消耗量极大的能源工业推动能源系统低碳转型是不现实的。同时，资源型地区往往可以通过资源加工获得更多的收益，使其金融实力更加雄厚。因此，在政府部门的协调引导下，提升传统能源技术水平，提高能源转换效率，同时辅以技术项目探索研究新能源技术，加快传统能源的替代，从而驱动能源系统低碳转型，是这类区域能源转型的可行方式。

（2）以利基层政策鼓励为主的驱动机制

因素组合H2表明，在巨大环境压力和能源低碳转型发展趋势的宏观背景下，转型往往需要政府的积极引导，通过加大技术项目投入或者实行一定的鼓励政策促进新能源产业发展，进而推动能源系统低碳转型。

H2a代表科技优势明显的地区，代表地区为西安和渭南。这类地区处于陕西省的关中平原，经济水平相对较高。比如，2021年，渭南GDP为2087.21亿元，属于陕西省中上水平。同时，渭南空气污染较严重，相对而言，渭南地区人们对于优良空气质量的需求更强烈。因此，渭南大力投资发展光伏发电项目，建成了大荔县光伏渔业电站建设项目、合阳光伏基地建设项目。西安作为陕西的省会，无论是资金、人才还是科技水平都处于遥遥领先的地位，同时高校和科研院所云集，研发能力顶尖。因此，西安可以通过大量的技术项目着重发展高新能源技术。另外，在这类经济发展水平相对较高地区，人们往往有着更加丰富的精神需求，转型的社会愿景更强烈。总之，在政府大力支持下，这类地区通过加大对技术项目的投资建设，最终有效推动了能源系统低碳转型。

H2b代表科技实力相对薄弱的地区，代表区域为汉中。汉中市地处陕西省西南部，属于陕南地区，以第二产业、第三产业为主。2020年，汉中市规模以上工业总产值1583.31亿元，农业产值463.25亿元，地区发展以工业为主。相对于陕南的其他地区来说，汉中面临着更高的环境压力和空气污染，因此汉中人民对能源转型的需求更加迫切。但汉中市的经济发展水平在陕西省属于中下水平，同时科技实力相对较弱。同西安这类资金雄厚、人才济济且研究能力较强的地区相比，汉中这类地区更多的是在政策鼓励的作用下，积极提升能源技术水平，最后推动其能源系统低碳转型。

（3）以景观层发展趋势为主的驱动机制

因素组合 H3 表明，在没有环境气候等巨大压力的情况下，发展趋势往往是能源系统低碳转型的主要驱动力。在整体发展趋势的作用下，同时伴随着政府主体的行为主导，这类地区发展新能源产业可以实现能源系统低碳转型。此种组合的代表地区为安康。安康地处陕南地区，水能资源丰富，但工业基础较为薄弱，经济发展水平较为落后，以第一产业为主，几乎没有环境和空气污染的压力。近年来，安康大力发展水力发电产业，相继建成投产汉江干流蜀河电站、喜河电站等大型水力发电站，有效推动能源系统低碳转型。

7.4.2 条件组合间分析

研究结果共出现了四种不同的条件组合，进一步归纳分析可以得到三种不同的转型机制。7.4.1 节通过单独分析每个条件组合解释每种转型机制，本节则通过横向对比发掘不同条件组合之间的关系。

（1）陕西省能源系统低碳转型的区域差异性

从 fsQCA 的结果来看，陕西省能源系统出现了以体制层传统能源技术为主、以利基层政策鼓励为主和以景观层发展趋势为主的三种驱动机制，分别对应了陕西省三个具有不同发展特点的区域，即陕北、关中和陕南。陕北地区以传统能源化工产业为主，并且传统能源化工产业是该地区的支柱产业，传统能源技术改造作为核心条件出现在该区域的条件组合中。因此，对于陕北地区来说，只有集中力量提升传统能源技术才能有效推动能源系统低碳转型。关中地区则以高新技术产业为主，同时拥有大量的高科技研发人才，科研实力强劲，资金也比较雄厚。而政府行为作为核心条件出现在其条件组合中也表明，关中地区应该有更多的政策倾斜和创新技术项目培育，这样才能有效推动陕西省能源系统低碳转型。陕南地区位于秦岭以南，由于秦岭山脉的阻隔，陕南地区与陕西省其他区域在气候环境、能源资源、经济技术基础等方面均存在较大差异，产业方面以农业为主，空气污染较轻。发展趋势作为核心条件出现在此条件组合中，意味着陕南地区的能源系统低碳转型更多为大势所趋，因此，陕南地区按照陕西的整体发展部署可以有效推动陕西省能源系统低碳转型。

（2）陕西省能源系统低碳转型的合理性

整体来看，四种条件组合中虽然不是每个二级因素都发挥作用，但7个一级驱动因素大多出现在各个条件组合中，这也充分证明本研究在第6章识别出的驱动因素是合理且符合实际情况的。

7.4.3　核心单一必要条件分析

（1）环境压力和发展趋势是关键

发展趋势在四种条件组合中均作为核心条件出现，环境压力则在三种条件组合中作为核心条件出现，社会诉求和空气污染作为边缘条件在四种条件组合中出现。这个结果表明，景观层的因素中，环境压力和发展趋势是推动陕西省能源系统低碳转型的关键，社会诉求只起到辅助作用，而环境压力则可以产生直接作用。这与第6章构建的驱动机制模型基本吻合，社会诉求更多起到辅助作用，通过影响政治趋势推动陕西省能源系统低碳转型，环境压力则可以直接对能源系统产生推动作用，而非通过驱动政治趋势间接推动。

（2）政府主体是最大的“助推器”

政府行为在三种条件组合中均作为核心条件出现表明，在陕西省能源系统低碳转型过程中，政府主体是最大的“助推器”。相比于能源技术，目前陕西省能源系统低碳转型的推进更多需要政府开展政策引导和直接投入，从而推动能源技术改造、能源生产者和消费者行为改变等。

（3）传统能源技术改造不容忽视

传统能源技术改造仅在两种条件组合中作为核心条件，并且新能源技术研发、技术项目投入等仅作为边缘条件在部分条件组合中出现。经过进一步分析认为，其原因可能是陕西省传统能源化工产业发展比较成熟，并且主要集中在陕北地区，而陕北地区的新能源产业尚处在起步阶段。因此，就陕西省能源系统来说，提升传统能源技术效率应是当下推进能源系统低碳转型更有效的方式。

需要说明的是，本章分析结果中出现的三种不同驱动机制带有更多的指导性，侧重于解释“如何做”的问题，即陕西省应该如何去做才能更好地驱动能源系统低碳转型。而第 6 章构建的驱动机制理论模型侧重于解释“是什么”的问题，即陕西省能源系统低碳转型应该经历什么样的过程。

7.5 本章小结

本章运用模糊集定性比较分析方法检验了陕西省能源系统低碳转型驱动机制理论模型，归纳出三种陕西省能源系统低碳转型的驱动机制，分别为以体制层传统能源技术为主的驱动机制、以利基层政策鼓励为主的驱动机制和以景观层发展趋势为主的驱动机制，并在此基础上，对研究结果进行了深入分析与讨论。

第8章

MLP下陕西省能源系统低碳转型路径分析

MLP 下，陕西省能源系统低碳转型是能源企业、能源消费者、能源技术创新者、民间组织、政府等多个行为主体在社会-技术系统各层级共同参与、相互作用及彼此协调的过程。基于此，本章在前述驱动机制研究的基础上，进一步运用 MAMCA 方法，综合考虑陕西省能源系统中多元主体的利益诉求，剖析影响陕西省能源系统低碳转型的深层次原因，从而构建推动陕西省能源系统低碳转型的可行路径。

8.1 基于 MAMCA 方法的陕西省能源系统低碳转型路径选择

本研究运用 MAMCA 软件深入了解各参与者对陕西省能源系统低碳转型的不同看法，以判断 MLP 下影响陕西省能源系统低碳转型的三层级因素，从而构建陕西省未来可行的能源系统发展路径。基于 MAMCA 方法的陕西省能源系统低碳转型路径分析具体包括如下步骤：①生成替代方案；②确定利益相关者及其准则；③参与者准则权重计算；④基于不同准则的方案评分。

8.1.1 确定研究问题及替代方案

运用 MAMCA 方法进行决策分析的第一步是定义研究问题并确定决策目标，即寻找陕西省能源系统低碳发展的实现路径，筛选出陕西省未来可能优先发展的能源产业。结合第 4 章关于陕西省能源资源概况的分析，本研究选择了四种能源产业作为陕西省未来推动能源系统低碳转型的细分能源产业进行分析，具体包括：①太阳能光伏产业；②风力发电及配套产业；③生物质能产业；④煤炭的清洁高效使用。另外，根据MAMCA方法，需要选择参照物与所研究对象做比较，本章选择传统能化产业中燃煤发电产业作为决策过程的参考替代方案，为其他能源产业的选择提供比较基准。

8.1.2 利益相关者分析

不同利益相关者的利益和观点在决策评估中至关重要。郭丕斌等（2019）认为，社会-技术转型MLP下能源转型的参与者包括各级政府、非政府组织、能源生产者、能源消费者、社会公众等。在此基础上，结合第5章MLP下陕西省能源系统构成主体的分析，本研究选择能源企业（能源生产和供给者，主要指从事能源生产和供给的相关企业，包括能源开采、加工、运输以及销售企业。详细解释见5.3.2节），能源消费者（主要包括居民家庭消费用户和企业消费用户，详细解释见5.3.3节），社会公众，从事能源经济、能源转型相关研究和咨询服务的专家学者，以及政府机构等作为能源系统的利益相关者。利益相关者的观点互动可以以不同的形式如专家访谈、研讨会、工作坊、电话采访或调查问卷等进行。本研究采用工作坊形式，收集了多位利益相关者关于陕西省能源系统低碳转型发展的意见和观点，具体包括西安交通大学、西北工业大学、西安科技大学等高校从事相关研究的专家学者9人，来自陕煤集团、延长石油集团、陕西美能清洁能源集团股份有限公司、隆基绿能科技股份有限公司等传统能源和新能源企业的管理人员18人，来自陕西省发展和改革委员会、陕西省能源局、陕西省工业和信息化厅等从事能源发展规划、政策制定及监管工作的相关政府机构工作人员12人；另外，本研究还随机抽取了对能源消费、低碳环保等非常关注的西安市民50人。各参与者从自身利益和立场出发进行决策组群划分，在此基础上结合陕西省能源系统发展实际对陕西省能源系统低碳转型的未来发展路径进行预测评估。该环节允许实验者独自进行判断和预测，然后进行观点的广泛交流与多轮讨论，充分吸取各决策组对于陕西省能源系统低碳转型发展的知识和经验，深入分析，反复修改，最终所有决策组形成统一观点，以使对问题的预测更科学、更准确。

8.1.3 评估准则选择

基于社会-技术转型MLP理论，陕西省能源社会-技术系统的三个层级涉及环境、政治、技术、基础设施、经济、文化等不同维度的多重因素，各参与者从自身利益出发进行考量，设置相应的评估准则。本研究参考Barradale和Cornet（2018）对MLP理论中关于多重因素的分类，将评估标准划分为三类。第一类是项目直接影响，即创新利基层的影响因素，如项目的内部成本和收益、项目风险、项目周期等。第二类是间接社会影响，即社会-技术体制层的影响因素，如城镇化水平、能源产业的创新与发展、区域经济发展等。第三类是外部环境影响，即社会-技术景观层的影响因素，如生物多样性、空气质量、环境关注度等。本研究预先确定了一些评估准则，让参与者根据要求选择与自身利益相关的评估准则，并对其他相关准则做出必要补充，从而确保没有忽略掉重要的评估准则。最后，经过讨论，每组利益相关者结合自身利益及陕西省能源系统发展实际，确定评估准则。不同决策群组最终确定的陕西省能源系统低碳转型评估准则，及相应的定义和衡量指标见表8-1至表8-5。

表8-1 社会公众组准则选择

评估标准 C_{1n}	定义	指标 I_{1n}
城市可及性	人们拥有的机会和可选择的范围	城镇化水平
文化遗产	历史古迹和风景名胜等	历史文化景点数量
安全性	处于受保护的状态，不可能造成危险或风险	安全性1~7级评分
空气质量	能源项目建设和运营过程中产生的对人体健康造成不利影响的碳排放和粉尘等	空气质量指数
生物多样性	当地动植物的多样性	森林覆盖率
居住环境吸引力	为公众提供有吸引力的宜居城市环境	居住环境吸引力1~7级评分

表 8-2 能源消费者组准则选择

评估准则 C_{2n}	定义	指标 I_{2n}
成本和可负担性	相对低价格	电费（元/千瓦时）
便利程度	符合消费者习惯，便于使用	便利程度 1~7 级评分
能源发电量	能源技术在给定时期内能够提供的实际电量输出	能源发电量 1~7 级评分
安全性	处于受保护的状态，不可能造成危险或风险	安全性 1~7 级评分
环境关注度	对环境影响的正向或负向态度	环境关注度 1~7 级评分

表 8-3 专家组准则选择

评估准则 C_{3n}	定义	指标 I_{3n}
可靠性和系统弹性	由重复发生的事件、自然灾害或其他因素（如人为干预）造成的无法预测结果	可靠性
能源发电量	能源技术在给定时期内能够提供的实际电量输出	能源发电量 1~7 级评分
能源产业增长与创新	能源行业能够培养劳动力新技能，鼓励技术创新以及广泛的商业应用	能源技术的专利申请数量
碳足迹	与能源项目相关的碳足迹 \ 温室效应气体排放，包括二氧化碳、甲烷、一氧化二氮等	碳排放
空气质量	能源项目建设和运营过程中产生的对人体健康造成不利影响的碳排放和粉尘等	空气质量指数

表 8-4 政府组准则选择

评估准则 C_{4n}	定义	指标 I_{4n}
安全性	处于受保护的状态，不可能造成危险或风险	安全性 1~7 级评分
社会认可度	能源技术的顺利实施取决于当地人对能源项目的态度、偏好和看法	支付意愿（Willingness-to-Pay，WTP）
声望和形象	政治家的声誉和公众认可度，有时反映在积极的媒体报道数量上	积极的媒体报道数量
能源产业增长与创新	能源行业能够培养劳动力新技能，鼓励技术创新以及广泛的商业应用	能源技术的专利申请数量
区域经济发展	能源项目的经济影响、可促进就业和收入的增长	地区 GDP（GRP）
空气质量	能源项目建设和运营过程中产生的对人体健康造成不利影响的碳排放和粉尘等	空气质量指数

表8-5 能源企业组准则选择

评估准则 C_{5n}	定义	指标 I_{5n}
投资可行性	正向投资回报	资产收益率（ROA）
项目风险	项目的不确定性结果：建设延期、新技术的表现不佳、成本超支等	方差系数（C. V）
项目时间	项目建设的总时间	项目周期（年）
高水平服务质量	消费者满意度	高水平服务质量1~7级评分
员工满意度	员工对薪酬、工作环境等的满意程度	员工满意度1~7级评分
环境关注度	对环境影响的态度	环境关注度1~7级评分

评估准则及指标选择的下一步是对不同准则赋予权重。参与者被要求通过对“每个准则的相对重要性”进行排序，进行两两比较，从而对所选评估准则进行加权处理。如社会公众组认为，评估准则中环境影响比社会影响更加重要；而专家组认为，每个评估准则类别都应赋予同等权重。

8.1.4 综合分析与排序

目前，求解多准则决策问题的方法有很多，如MAUT、ELECTRE、AHP、PROMETHEE等，MAMCA中常用的针对不同准则进行评估排序的方法主要是层次分析法（Analytic Hierarchy Process，AHP）和偏好顺序结构评估法（Preference Ranking Organization Methods for Enrichment Evaluation，PROMTHEE）（Macharis，Lauriane，and Verlinde，2014）。AHP是一种系统的、层次化的定性与定量相结合的分析方法（Saaty，1980）。采用AHP进行决策分析时，需要进行多次两两比较，当考虑的项目过多时，该方法会遇到较多困难，一致性检验可能无法通过，且容易忽略要素之间的相关件问题（Saaty，2008）。偏好顺序结构评估法（PROMETHEE）是对不同方案进行两两比较的一种多目标决策方法，依据决策者偏好，设置偏好函数与准则的权重系数，求解出每个方案优序级别的正负方向，进而利用优序关系确定方案的部分或整体排序（Macharis et al.，2004）。与AHP相比，PROMETHEE相对简单，当决策的重要因素难以量化或难以比较或决策方案受到决策者的不同专业背景和观点立场的限制时，PROMETHEE 具有独特的优势。基于此，本研究采用 PROMETHEE 进行决策方案的比较，实验参与者根据自身的利益需求对不同方案的每一评估准则定义自己的偏好函数，从而找到最适合决策者偏好的解。PROMETHEE 的具体步骤如下。

步骤一：基本信息。

设属性集 $J(\{j \in J;\ j=1,\ 2,\ \cdots,\ m\})$ 均为效益型，$Y=\{y_{ij}\}_{n\times m}$ 表示方案集合 A 的决策矩阵；决策者可以设定不同目标方案每一准则的权重：$\omega=\{\omega_1,\ \omega_2,\ \cdots,\ \omega_j,\ \cdots,\ \omega_m\}$，且 $\omega_j>0$，$\omega_1+\omega_2+\cdots+\omega_m=1$。

步骤二：优先指数的计算。

设 $p_j(a_i,\ a_k)$ $(a_i,\ a_k \in A)$ 为方案 a_i 相对于 a_k 在属性 j 上的优先函数，$0 \leqslant p_j(a_i,\ a_k) \leqslant 1$。

由 $p_j(a_i,\ a_k)$ 可得到方案 a_i 相对于 a_k 的优先指数 $\pi(a_i,\ a_k)$：

$$\pi(a_i,\ a_k)=\frac{\sum_{j=1}^{m}\omega_j p_j(a_i,\ a_k)}{\sum_{j=1}^{n}\omega_j} \tag{8-1}$$

步骤三：赋值的级别高于关系对中每个方案时，定义流入和流出为

$$\varphi^{+}(a_i)=\frac{1}{n-1}\sum_{a \in A/a_i}\pi(a_i,\ a) \tag{8-2}$$

$$\varphi^{-}(a_i)=\frac{1}{n-1}\sum_{a \in A/a_i}\pi(a,\ a_i) \tag{8-3}$$

PROMETHEE 定义净流为

$$\varphi(a_i)=\varphi^{+}(a_i)-\varphi^{-}(a_i) \tag{8-4}$$

对集合 A 中各方案进行净流的计算，并根据各对方案中净流的大小对赋值的级别与关系进行层级确定：

若 $\varphi(a_i)>\varphi(a_k)$，$a_iOa_k$，即 a_i 级别高于 a_k；

若 $\varphi(a_i)=\varphi(a_k)$，$a_iIa_k$，即 a_i 级别无差异于 a_k。

不同决策组准则对应的指标评级标准见表 8-6 至表 8-10。

表 8-6　社会公众组指标评价标准

评价标准	评价指标					
	I_{11}	I_{12}	I_{13}	I_{14}	I_{15}	I_{16}
7	≥70%	≤1	非常安全	0~50	≥40%	非常吸引人
6	50%~70%	1~3	安全	51~100	30%~40%	吸引人
5	40%~50%	3~5	轻度安全	101~150	20%~30%	稍微吸引人
4	30%~40%	5~8	中性	151~200	15%~20%	中性
3	20%~30%	8~10	轻度危险	201~300	8%~15%	稍微不吸引人
2	15%~20%	10~12	危险	301~400	5%~8%	不吸引人
1	<15%	>12	非常危险	>400	<5%	非常不吸引人

表 8-7　能源消费者组指标评价标准

评价标准	评价指标				
	I_{21}	I_{22}	I_{23}	I_{24}	I_{25}
7	≤0.3 元/千瓦时	非常不便	极高	非常安全	非常积极
6	0.3~0.4 元/千瓦时	不方便	高	安全	积极
5	0.4~0.5 元/千瓦时	轻度不便	较高	轻度安全	轻度积极
4	0.5~0.6 元/千瓦时	中性	中性	中性	中性
3	0.6~0.8 元/千瓦时	轻度方便	较低	轻度危险	轻度消极
2	0.8~1 元/千瓦时	方便	低	危险	消极
1	>1 元/千瓦时	非常方便	极低	非常危险	非常消极

表 8-8　专家组指标评价标准

评价标准	评价指标				
	I_{31}	I_{32}	I_{33}	I_{34}	I_{35}
7	极高	极高	≥15	极低碳排放量	0~50
6	高	高	10~15	低碳排放量	51~100
5	较高	较高	8~10	较低碳排放量	101~150
4	中性	中性	5~8	中性	151~200
3	较低	较低	3~5	较高碳排放量	201~300
2	低	低	1~3	高碳排放量	301~400
1	极低	极低	<1	极高碳排放量	>400

表 8-9　政府组指标评价标准

评价标准	评价指标					
	I_{41}	I_{42}	I_{43}	I_{44}	I_{45}	I_{46}
7	非常安全	极高	≥20	≥15	>5 万亿元	0~50
6	安全	高	15~20	10~15	4 万亿~5 万亿元	51~100
5	轻度安全	较高	10~15	8~10	3 万亿~4 万亿元	101~150
4	中性	中性	8~10	5~8	2.5 万亿~3 万亿元	151~200
3	轻度危险	较低	5~8	3~5	2 万亿~2.5 万亿元	201~300
2	危险	低	3~5	1~3	1 万亿~2 万亿元	301~400
1	非常危险	极低	<3	<1	≤1 万亿元	>400

表 8-10　能源企业组指标评价标准

评价标准	评价指标					
	I_{51}	I_{52}	I_{53}	I_{54}	I_{55}	I_{56}
7	≥20%	0~0.2	<1 年	非常满意	非常满意	非常积极
6	15%~20%	0.2~0.3	1~2 年	满意	满意	积极
5	10%~15%	0.3~0.4	2~3 年	轻度满意	轻度满意	轻度积极
4	5%~10%	0.4~0.5	3~5 年	中性	中性	中性
3	3%~5%	0.5~0.6	5~8 年	轻度不满	轻度不满	轻度消极
2	1%~3%	0.6~0.7	8~10 年	不满意	不满意	消极
1	<1%	0.7~1	≥10 年	非常不满	非常不满	非常消极

通过 PROMETHEE 成对比较，得出不同决策组每一评估准则下的权重，权重大小反映了陕西省能源系统的不同评估准则对于不同利益主体的重要程度。

五个决策组通过 PROMETHEE 成对比较得到的准则权重见表 8-11 至表 8-15。

表 8-11　社会公众组准则权重

评估准则	准则组	权重（%）
城市可及性	社会-技术体制层影响因素	5.71
文化遗产	社会-技术体制层影响因素	2.92

续表

评估准则	准则组	权重（%）
安全性	社会-技术体制层影响因素	22. 24
空气质量	社会-技术景观层影响因素	50. 05
生物多样性	社会-技术景观层影响因素	8. 20
居住环境吸引力	社会-技术景观层影响因素	10. 88

表 8-12　能源消费者组准则权重

评估准则	准则组	权重（%）
成本和可负担性	社会-技术利基层影响因素	56. 26
便利程度	社会-技术利基层影响因素	5. 21
能源发电量	社会-技术利基层影响因素	14. 47
安全性	社会-技术体制层影响因素	17. 22
环境关注度	社会-技术景观层影响因素	6. 83

表 8-13　专家组准则权重

评估准则	准则组	权重（%）
可靠性和系统弹性	社会-技术利基层影响因素	26. 67
能源发电量	社会-技术利基层影响因素	6. 67
能源产业增长与创新	社会-技术体制层影响因素	33. 33
碳足迹	社会-技术景观层影响因素	16. 67
空气质量	社会-技术景观层影响因素	16. 67

表 8-14　政府组准则权重

评估准则	准则组	权重（%）
安全性	社会-技术体制层影响因素	11. 38
社会认可度	社会-技术体制层影响因素	2. 66
声望和形象	社会-技术体制层影响因素	11. 55
能源产业增长与创新	社会-技术体制层影响因素	20. 61
区域经济发展	社会-技术体制层影响因素	23. 59
空气质量	社会-技术景观层影响因素	30. 22

表 8-15　能源企业组准则权重

评估准则	准则组	权重（%）
投资可行性	社会-技术利基层影响因素	53.03
项目风险	社会-技术利基层影响因素	11.54
项目时间	社会-技术利基层影响因素	4.52
高水平服务质量	社会-技术体制层影响因素	18.14
员工满意度	社会-技术体制层影响因素	3.63
环境关注度	社会-技术景观层影响因素	9.14

通过不同评估准则的权重，可以很清晰地发现不同决策组在评估陕西省能源系统过程中更加关注的因素。比如，对于社会公众而言，陕西省能源系统低碳转型过程中，社会-技术景观层的影响因素更重要，如空气质量、生物多样性。能源消费者在考虑陕西省能源系统低碳转型过程中更加关注成本和可负担性等社会-技术利基层的影响因素。因而，对于政策制定者而言，充分协调社会-技术体制中不同决策者的差异化利益需求是推动政策实施和落地的重要环节。下面将依据 MAMCA 软件的分析结果，详细分析影响陕西省能源系统低碳转型的多维度因素，以及各决策者的不同立场，从而构建适合陕西省能源系统低碳转型的可行路径。

8.2　实证分析结果

8.2.1　MAMCA 多决策组综合评估结果

图 8-1 是由多决策组共同确定的关于陕西省能源系统低碳转型路径的总体评估结果。横轴代表五组利益相关者群体，纵轴是基于决策者群体各自的评估准则对不同能源产业（包括四种新能源产业和作为决策参照的传统能源产业）的总体加权评分结果。评分结果定量反映了参与者对陕西省能源系统低碳转型路径的思考。每个参与者都依据自身的立场和评估准则充分考虑了各种能源产业的发展，并对四种新能源产业给出不同的优先级排序（注：燃煤发电产业主要作为定量决策评估模型中定量比较的基准参照）。

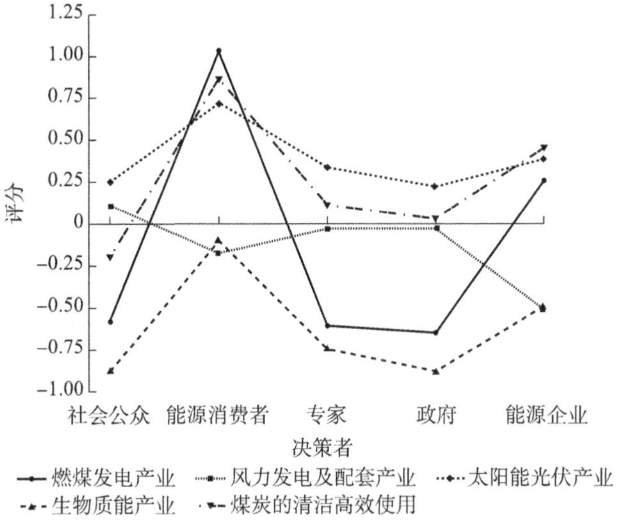

图 8-1 MAMCA 多决策组能源产业发展的线性图

资料来源：根据 MAMCA 软件计算所得。

图 8-2 为基于多决策组关于陕西省能源系统低碳转型发展的评价构建

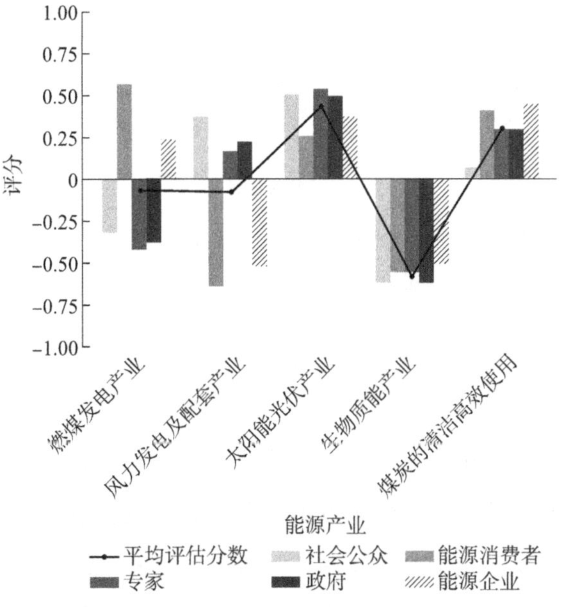

图 8-2 MAMCA 多决策组能源产业发展柱状图

资料来源：根据 MAMCA 软件计算所得。

的柱状图。由图 8-2 可以看出，太阳能光伏产业与煤炭的清洁高效使用两个产业的总体平均得分为正，获得了参与者的一致支持；生物质能产业的得分最低，各参与者一致认为短期内不宜在陕西省开发利用生物质能。

图 8-3 为多决策组能源系统低碳转型发展的箱型图，结果与图 8-1 和图 8-2 一致，较为直观、清晰地展示了不同参与者对于陕西省各能源产业的观点和立场。由图 8-3 可知，太阳能光伏产业与煤炭的清洁高效使用应予以优先发展，而风力发电及配套产业的支持度相对较低，不建议在短期内优先发展该产业。

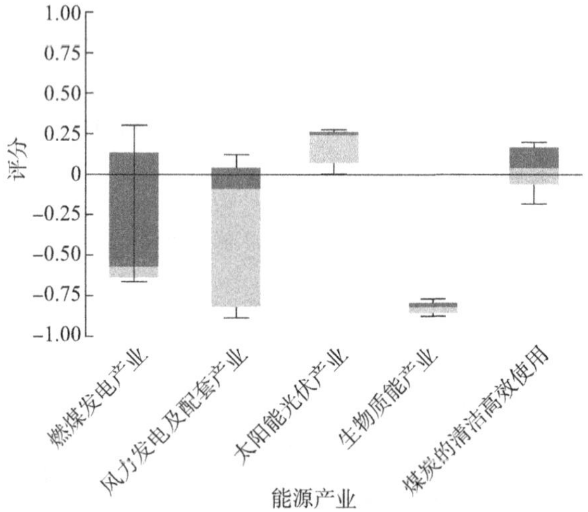

图 8-3 MAMCA 多决策组能源产业发展箱型图

资料来源：根据 MAMCA 软件计算所得。

从图 8-1 至图 8-3 可以看出，陕西省太阳能光伏产业整体上评分最高，其次是煤炭的清洁高效使用。除能源消费者组和能源企业组外，其余决策组均将陕西省太阳能光伏产业排序为优先发展的产业。另外，除了社会公众组对煤炭的清洁高效使用发展打分为负，其他利益相关者群体都相对看好陕西省煤炭的清洁高效使用，并给出了较为一致的好的评价。

值得一提的是，参与者对生物质能产业这一新能源产业给出了普遍较低的评分。生物质能的高成本和二次环境污染是参与者考虑的主要因素。

通过充分讨论，大多数参与者认为生物质能对环境的改善作用较弱，并且很可能由于技术落后对环境造成二次污染，生物燃料生产过程中会释放出甲烷之类致使全球变暖的温室气体。生物质能利用还可能与农林业相冲突，因为能源作物是生物质能的支柱。当前，陕西省的土地利用处于紧缺状态，也确实存在能源作物与农林用地相矛盾的问题。另外，在陕西省现有的社会经济条件下，一些其他不利因素如市场机制尚不完善、技术尚不先进等，也阻碍了陕西省生物质能产业的发展。

风力发电及配套产业的整体得分也处于较低水平。尽管风能被认为是非常清洁而且可持续发展的可再生能源，但陕西省在发展风能方面面临着风速不可靠、转换效率低、设备不成熟、地形复杂等诸多挑战。同时，“景观”准则也是参与者评估的共同关注点，风力发电场被认为不够雅观，而且可能对鸟类迁徙构成潜在威胁。

综上所述，陕西省能源系统低碳转型应着力于优先发展太阳能光伏发电以及煤炭的清洁高效使用两个产业。受多重因素的影响以及社会-技术体制层不同主体的制约，短期内不太建议陕西省发展生物质能产业和风力发电及配套产业。

8.2.2　MAMCA 不同决策组利益需求分析

分析不同决策组对陕西省能源系统各能源产业的评估结果同样具有重要意义，衡量不同参与者对陕西省能源系统低碳转型发展的考量因素，有利于依据每一决策者群体的需求制定更加具有针对性的政策建议。对于政策制定者而言，能够有效协调社会-技术体制中不同参与者群体的差异化需求，达成一致观点，从而确保相关政策的顺利实施和落地。不同决策组（社会公众、能源消费者、专家、政府和能源企业）对陕西省能源系统不同能源产业的决策评估结果见图 8-4 至图 8-8。其中，中轴的柱状图对应每个决策组评估准则的权重，不同折线代表不同能源产业（四个新能源产业和一个传统能源产业，传统能源产业作为决策参照），每条折线上的点对应该决策组基于其评估准则对每一能源产业的评分。

图 8-4 显示了社会公众组对陕西省能源系统不同能源产业的整体评价。由图 8-4 可以看出，对于社会公众而言，环境影响比社会影响重要得多，反映在外部环境准则的权重占 70%，而社会准则的权重仅占 30%（详见表 8-11）。在外部环境（景观层影响因素）准则中，“空气质量”是社会公众组主要的考虑因素。因此，从整体评分结果来看，太阳能光伏产业成为社会公众组的最佳选择。尽管风力发电在减少环境污染方面表现比较出色，但在“居住环境吸引力”等准则上得分较低，因而风力发电及配套产业的整体得分并不突出（总体评分为 0.12）。此外，生物质能产业是分数最低的新能源产业（总体评分为-0.87），未受到社会公众组的支持，其评估分数在很大程度上受“空气质量”“生物多样性”“居住环境吸引力”等评估准则的负面影响。

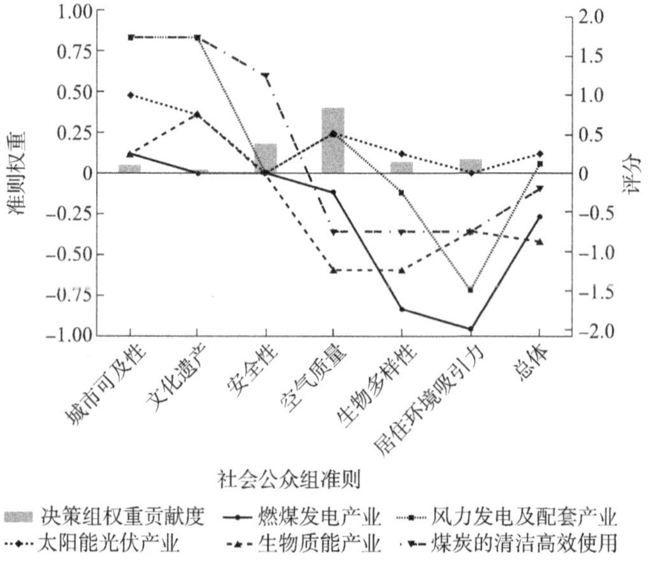

图 8-4　社会公众组评估结果

资料来源：根据 MAMCA 软件计算所得。

图 8-5 为能源消费者组对陕西省能源系统不同能源产业的整体评价。“成本和可负担性”是能源消费者组首要关注的准则，仅此一项准则的权重占比约为 56.3%；而“环境关注度”被认为是对其影响最小的因素，占

比仅为 6.8%。因此，从“便利程度”“能源发电量”“安全性”等评估准则来看，以传统化石能源为基础的燃煤发电产业仍然占据主导地位。同时，煤炭的清洁高效使用在“便利程度”和“发电量”两项准则上与燃煤发电产业的评分相同，而且比传统燃煤发电更加安全、绿色。因此，煤炭的清洁高效使用也成为消费者的另一偏好选择。风力发电及配套产业得分和排名最低，主要原因可能在于其高昂的价格以及电力供应的不稳定性。

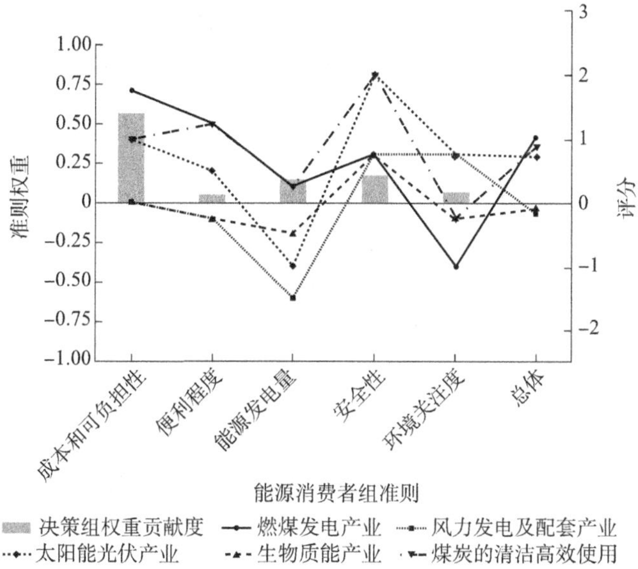

图 8-5　能源消费者组评估结果

资料来源：根据 MAMCA 软件计算所得。

图 8-6 为专家组对陕西省能源系统不同能源产业的评估结果。专家组有两个优先评估准则，首先是“能源产业增长与创新”，其次是“可靠性和系统弹性”，权重分别为 33.3% 和 26.7%。通过综合考虑各项准则，太阳能光伏产业和煤炭的清洁高效使用都获得了良好的评价。专家组对风力发电及配套产业的评分为负（−0.03），主要原因在于其不稳定的电力供应。此外，尽管燃煤发电产业在发电量等方面存在优势，但它不利于能源产业的创新发展，并将加剧全球变暖趋势，恶化人类生存环境，因而得分较低。而生物质能产业在生产过程中会产生甲烷等温室气体，从而对环境

造成二次污染，并且生物质能产业在“可靠性和系统弹性”以及“能源产业增长与创新”两项准则的得分也不高，因此得分最低（-0.74）。

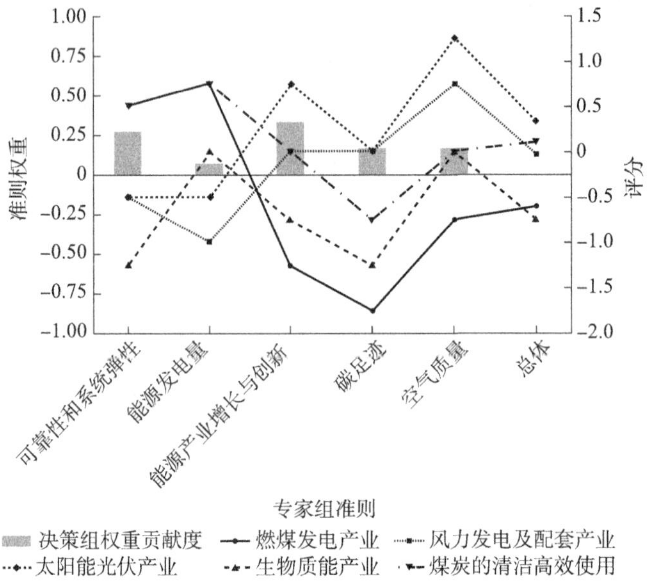

图 8-6　专家组评估结果

资料来源：根据 MAMCA 软件计算所得。

图 8-7 为政府组对陕西省能源系统不同能源产业的评估结果。政府组更加重视社会-技术体制层的影响因素，如声望和形象、能源产业增长与创新等。政府组对陕西省能源产业的排序结果与专家组的排序结果相一致。其中，太阳能光伏产业排序最优，得分为 0.21；煤炭的清洁高效使用得分为 0.03；风力发电及配套产业得分为-0.03。此外，尽管燃煤发电产业在“安全性”和“社会认可度”以及“区域经济发展”准则上得分为正，但在权重占比较大的“声望和形象”准则中得分极低，因此，其总体得分较低。由图 8-7 可以看出，太阳能光伏产业对“能源产业增长与创新”有巨大贡献，极有可能成为陕西省未来最有潜力的能源产业。

图 8-8 为能源企业组对陕西省能源系统不同能源产业的评估结果。能源企业组对利基层的影响因素更为关注，尤其是在投资方面（权重占比为 53%）。在对不同能源产业进行排序时，能源企业会在多种准则之间进行权

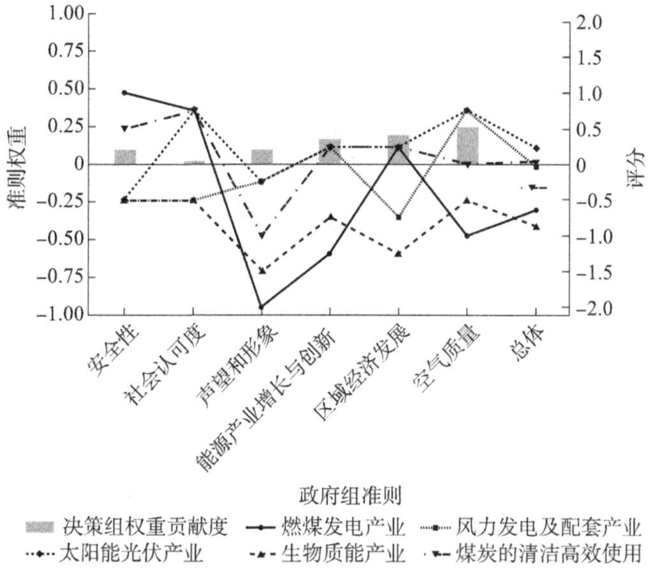

图 8-7　政府组评估结果

资料来源：根据 MAMCA 软件计算所得。

衡，如“投资可行性”“项目风险”“高水平服务质量”等。与利润和其他项目直接影响因素相比，环境因素对政府组而言并不是很重要。因此，通过综合评估，煤炭的清洁高效使用与太阳能光伏发电均获得了较高评估分数（得分分别为 0.46 和 0.39）。但由于投资回报率低、项目风险大，并且员工满意度低等，风力发电及配套产业以及生物质能产业的排序和得分都相对较低。

综上所述，尽管不同利益相关者对陕西省能源系统各能源产业持有不同的立场和观点，但太阳能光伏产业与煤炭的清洁高效使用得到了绝大多数利益相关者的高度支持。通过权衡不同决策组的利益和观点，太阳能光伏产业与煤炭的清洁高效使用可作为陕西省未来能源系统低碳转型中优先发展的能源产业，而风力发电及配套产业以及生物质能产业在短期内无须给予过多关注。

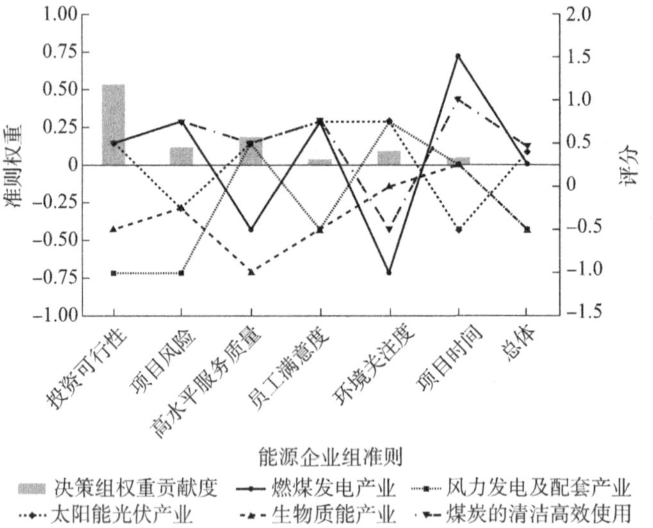

图 8-8　能源企业组评估结果

资料来源：根据 MAMCA 软件计算所得。

8.3　本章小结

本章在前文驱动机制分析的基础上，基于社会-技术转型 MLP，采用 MAMCA 方法，综合考虑陕西省能源系统发展过程中不同利益群体的利益诉求，协调利益相关者的不同立场，对陕西省未来可能需要优先发展的能源产业进行系统评估。从实证结果来看，在多数利益相关者的大力支持下，太阳能光伏产业、煤炭的清洁高效使用将是陕西省未来需要重点发展的能源产业。

第9章

研究结论与政策建议

9.1 研究结论

本研究从社会-技术转型 MLP 出发，首先对社会-技术转型 MLP 的形成背景、理论渊源和构成框架进行解析，进而基于社会-技术转型 MLP，以陕西省能源系统为分析对象，深入研究了陕西省能源系统低碳转型驱动机制及实现路径。具体研究内容包括：①陕西省能源系统低碳转型的历程、现状和特征；②陕西省能源社会-技术系统的构成要素、构成主体及其相互作用；③基于程序化扎根理论分析方法，构建了 MLP 下陕西省能源系统低碳转型驱动机制的理论模型；④运用模糊集定性比较分析法，对构建的理论模型进行验证性分析；⑤运用 MAMCA 方法，综合考虑陕西省能源系统多元主体的利益诉求，提出了陕西省能源系统低碳转型未来重点发展的领域和产业方向。

通过以上研究，形成如下研究结论。

第一，社会-技术转型 MLP 下，陕西省能源系统由多层级、多主体、多要素构成，其中，多层级是指景观层、体制层和利基层三个层级，多主体是指政府、能源生产及供应者、能源消费者、高校及科研院所和金融机构，多要素包括环境气候、政治趋势、社会愿景、政策规范、能源基础设施、能源技术、能源消费习惯和观念、创新技术项目、鼓励政策等。在能源社会-技术系统三个层级中，体制层处于核心位置，保持着自身的稳定性和演进路径，在系统平稳运行过程中发挥支撑性作用。景观层是影响体制层运行的外部宏观条件，对体制层施加压力，是推动能源系统低碳转型宏观层面的“机会窗口”，为能源系统低碳转型提供持续动能。利基层是推动能源系统低碳转型微观层面的保护空间，对体制层形成威胁和挑战，为能源系统低碳转型提供基础动能。在社会-技术转型 MLP 下，陕西省能源系统低碳转型是在景观层对体制层不断施压，利基层对体制层不断挑战和威胁，以及体制层不断自我革新的共同作用下，推动能源系统整体变革和创新的过程，具体表现为新兴技术取代原有技术，从而形成新的社会-技术体制。

第二，社会-技术转型 MLP 下，陕西省能源系统低碳转型受到景观层因素（环境气候、社会愿景、政治趋势）、体制层因素（主体行为、能源技术、新增能源基础设施）和利基层因素（利基发展）的共同驱动。首先，景观层的因素间接驱动能源系统低碳转型，环境气候的恶化导致多元主体协同推动能源系统低碳转型的社会愿景，其与政治趋势一同对相关行为主体施加压力刺激能源系统低碳转型。其次，体制层的因素直接驱动能源系统低碳转型。在体制层的因素中，主体行为是核心要素，与能源系统低碳转型能否顺利实现息息相关，不同主体的行为推动了能源技术的发展以及能源基础设施的建设，从而推动能源系统低碳转型。同时，主体行为的变化本身也对能源系统低碳转型产生直接驱动作用。最后，利基层的因素是高新技术的孵化器。技术项目投入为能源系统低碳转型提供了无限的可能，而政策鼓励为创新技术项目提供了更高的稳定性和发展潜力。

第三，社会-技术转型 MLP 下，陕西省能源系统低碳转型有三种典型的驱动机制，分别是陕北地区以体制层传统能源技术为主的驱动机制、关中地区以利基层政策鼓励为主的驱动机制和陕南地区以景观层发展趋势为主的驱动机制。

第四，陕西省能源社会-技术系统中不同利益主体的差异化利益需求影响了陕西省能源系统低碳转型的目标和实现路径。基于 MAMCA 方法的分析结果发现，陕西省能源系统低碳转型应着力于优先发展太阳能光伏发电和煤炭的清洁高效使用，短期内不建议发展生物质能产业、风力发电及配套产业。

9.2 政策建议

基于上述研究，立足陕西省能源系统及其转型发展实际，提出以下政策建议。

9.2.1 体系化推进陕西省能源系统低碳转型

陕西省能源系统是一个涉及多层级、多主体、多因素，复杂的社会-技术系统。因此，需从整体出发，全方位、多层次、分阶段推动能源系统低碳转型。首先，充分完善陕西省能源系统低碳转型战略，面对陕西省能源系统低碳转型面临的挑战，尽快补齐短板和弱项；其次，加强上下级政府部门以及区域间政府部门之间不同政策制度的配合与联动，完善政策体系；最后，整合能源系统中不同社会分工、不同性质的参与主体，协同发挥不同主体的作用，产生“1+1>2”的效果。

9.2.2 分区域差异化推进陕西省能源系统低碳转型

陕西省南北狭长，形成了陕北、关中和陕南三大各具特色的区域，三个区域在能源资源禀赋、气候条件、经济发展水平等方面均存在较大差异。因此，应因地制宜，充分考虑三个区域的能源资源禀赋和产业特点，分区域差异化地推进能源系统低碳转型工作。对于传统能源工业较为发达的陕北地区，应集中力量提升传统能源的转换效率，推动传统能源的清洁生产和高效利用。为此，应加强传统能源生产和利用的技术体系建设，同时结合陕北地区太阳能和风能资源丰富的特点，积极发展太阳能光伏产业和风电产业。对于科技、人才、资金等较为富集的关中地区，应加大高新能源技术的研发投入，推动节能、减排和能效提升，并发展碳捕获、碳储存技术，以前沿技术支撑能源系统低碳转型。同时，考虑到关中地区光照资源丰富，应大力发展光伏发电产业。对于绿色资源较为丰富的陕南地区，应在保持其绿色发展的同时，发挥其水能资源丰富的优势，大力发展水力发电，为陕西省能源消耗分担压力。

9.2.3 积极培育能源系统创新利基

在能源系统中，创新利基是能源技术发展的前提，而能源技术发展是能源系统低碳转型的关键之一。一是通过直接投入、财税补贴、特殊人才政策等多种方式，加强能源领域技术研发。二是积极搭建能源科技创新和成果转化应用平台，推动产学研深度合作，孵化和培育能源领域关键技术和新兴产品。三是加快推进试点、示范工程等的建设，积极培育创新利基。四是加强能源领域软硬件基础设施建设，为能源系统低碳转型提供物质和知识基础。

9.2.4 多方协同，推动绿色生产和低碳消费

（1）政府方面

政府应从供需两端引导企业调整用能结构，推动企业开展绿色创新，同时加强能源基础设施建设，打造低碳城市、低碳社区。

（2）企业方面

企业应主动承担低碳发展的社会责任，积极推动节能减排并引导低碳消费。

（3）社会公众方面

社会公众应转变消费理念，培养绿色低碳的消费方式和消费行为，主动参与环境保护和能源节约，并充分发挥社会监督作用。

参考文献

[1]白雪洁，汪海凤，闫文凯．资源衰退、科教支持与城市转型：基于坏产出动态 SBM 模型的资源型城市转型效率研究[J]．中国工业经济，2014(11)：30-43.

[2]曹书维．中国新能源产业扶持政策研究[D]．吉林大学，2019.

[3]柴建，杜孟凡，周晓阳，等．中国省际差异化能源转型背景下的 CO_2 排放预测[J]．系统工程理论与实践，2019，39(8)：2005-2018.

[4]常绍舜．浅论系统创新[J]．系统科学学报，2012，20(2)：1-4.

[5]车亮亮，武春友．我国能源绿色转型对策研究[J]．大连理工大学学报(社会科学版)，2015，36(2)：41-46.

[6]陈国平，梁志峰，董昱．基于能源转型的中国特色电力市场建设的分析与思考[J]．中国电机工程学报，2020，40(2)：369-379.

[7]陈向明．扎根理论的思路和方法[J]．教育研究与实验，1999(4)：58-63，73.

[8]陈卓淳，姚遂．中国电力系统低碳转型的路径探析：基于社会-技术转型思路[J]．中国人口·资源与环境，2012，22(2)：62-68.

[9]程聪，贾良定．我国企业跨国并购驱动机制研究：基于清晰集的定性比较分析[J]．南开管理评论，2016，19(6)：113-121.

[10]杜运周，贾良定．组态视角与定性比较分析(QCA)：管理学研究的一条新道路[J]．管理世界，2017(6)：155-167.

[11]范英，衣博文．能源转型的规律、驱动机制与中国路径[J]．管理世界，2021，37(8)：95-105.

[12]方德斌，董炜，余谦．低碳转型趋势下中国能源消费结构优化[J]．技术经济，2016，35(07)：71-79，128.

[13]冯梦骐，邢珺．金融发展对能源消费影响的研究：基于对能源消费结构变化指数的构建与分析[J]．价格理论与实践，2018(11)：107-110.

[14]冯相昭，邹骥．中国 CO_2 排放趋势的经济分析[J]．中国人口·资源与环境，2018，18(03)：43-47.

[15]冯永晟，张娅，刘自敏．能源价格、技术进步与能源强度：基于中国城市数据的动态时空演化[J]．城市与环境研究，2020(3)：69-92.

[16]付加锋，庄贵阳，高庆先．低碳经济的概念辨识及评价指标体系构建[J]．中国人口·资源与环境，2018，20(8)：38-43.

[17]郭丕斌，李繁荣，吕文栋，等．社会—技术变迁驱动能源转型研究框架与述评[J]．科技进步与对策，2019，36(10)：153-160.

[18]郭扬，李金叶．"社会人"假说下中国新能源替代化石能源的驱动机制研究[J]．中国人口·资源与环境，2019，29(11)：30-40.

[19]贺伟东，张延群．企业研发创新获得财政补贴和税收优惠的特征研究：基于双变量 Probit 模型的实证分析[J]．价格理论与实践，2022(2)：146-151.

[20]洪进，郑梅，余文涛．转型管理：环境治理的新模式[J]．中国人口·资源与环境，2010，20(9)：78-83.

[21]胡卫．系统创新的进化论哲学[J]．自然辩证法研究，2017，33(6)：116-119.

[22]霍国庆，聂云阳，李维维．后发地区政策创新引领战略性新兴产业发展研究：以大同市新能源产业为例[J]．科技管理研究，2020，40(17)：244-249.

[23]贾旭东，谭新辉．经典扎根理论及其精神对中国管理研究的现实价值[J]．管理学报，2010，7(5)：656-665.

[24]勒施．经济空间秩序：经济财货与地理间的关系[M]．北京：商务印书馆，1995：567.

［25］李慧．社会-技术转型多层级视角：形成背景、理论渊源及构成框架［J］．中国科技论坛，2019(4)：42-49.

［26］李慧，涂家豪．多层级视角下能源低碳转型因素组态研究：基于我国30个省域的模糊集定性比较分析［J］．技术经济，2020，39(8)：152-160.

［27］李慧，涂家豪，郭丕斌．社会-技术景观驱动能源系统低碳转型机理研究［J］．软科学，2023，37(12)：57-64.

［28］李娟，吴沣怡，彭新艳，等．中国页岩气开发情景认识与模式选择研究：基于社会-技术转型理论的视角［J］．资源开发与市场，2021，37(11)：1295-1300.

［29］李俊峰，柴麒敏．论我国能源转型的关键问题及政策建议［J］．环境保护，2016，44(9)：16-21.

［30］李俊江，王宁．中国能源转型及路径选择［J］．行政管理改革，2019(5)：65-73.

［31］李平．社会-技术范式视角下的低碳转型［J］．科学学研究，2018，36(6)：1000-1007.

［32］李雪松．大数据推进城市公共服务精细化的逻辑解构［J］．电子政务，2018(5)：93-100.

［33］林伯强．能源革命促进中国清洁低碳发展的“攻关期”和“窗口期”［J］．中国工业经济，2018(6)：15-23.

［34］林伯强．碳中和进程中的中国经济高质量增长［J］．经济研究，2022，57(1)：56-71.

［35］林伯强．新旧能源更替：短期靠政策长期靠创新［J］．中国战略性新兴产业，2015(2)：86-87.

［36］林绿，吴亚男，董战峰，等．德国和美国能源转型政策创新及对我国的启示［J］．环境保护，2017，45(19)：64-70.

［37］刘平阔，卢存禹．中国能源转型路径选择的影响因素：理论检验与实证分析［J］．中国软科学，2022(6)：51-61.

[38]刘平阔，彭欢，骆赛．中国能源转型驱动力的结构性特征研究[J]．中国人口·资源与环境，2019，29(12)：45-56.

[39]刘平阔，王志伟．中国“能源转型”是否合理：能源替代-互补关系的实证研究[J]．中国软科学，2019(8)：14-30.

[40]吕涛，王春玲，王飞．社会-技术系统转型理论及其在能源系统转型中的应用[J]．中国科技论坛，2015(10)：109-114.

[41]马丽梅，史丹，裴庆冰．国家能源转型与可再生能源发展：限制因素、供给特征与成本竞争力比较[J]．经济社会体制比较，2018(5)：70-79.

[42]聂洪光，康鹏．东北地区国有工业企业低碳转型发展的政策环境研究[J]．辽宁大学学报(哲学社会科学版)，2016，44(04)：25-30.

[43]聂龑，吕涛．基于社会-技术系统转型分析的智慧电网发展障碍及路径研究[J]．中国科技论坛，2017(5)：64-70，79.

[44]聂龑，张国兴．基于社会-技术系统理论的中国电力系统演化路径分析[J]．中国人口·资源与环境，2020，30(30)：87-97.

[45]潘家华，黄承梁，李萌．系统把握新时代生态文明建设基本方略：对党的十九大报告关于生态文明建设精神的解读[J]．环境经济，2017(20)：66-71.

[46]曲卫华，尹洁，张信东．考虑公众参与环境行为的公共健康两方博弈演化模型研究[J]．中国管理科学，2021，29(10)：236-248.

[47]申萌，李凯杰，曲如晓．技术进步、经济增长与二氧化碳排放：理论和经验研究[J]．世界经济，2012，35(7)：83-100.

[48]寿柯炎，魏江，刘洋．后发企业联盟组合多样性架构：定性比较分析[J]．科学学研究．2018，36(07)：1254-1263.

[49]隋映辉．系统创新：非技术因素与战略调整[J]．学术研究，2001(10)：41-44.

[50]隋映辉．知识递增、系统障碍与系统创新[J]．国际技术经济研究，1999(4)：11-18.

[51]孙肖阳．中国能源转型及政策研究[D]．北京：中国石油大学，2017.

[52]唐睿，唐世平．历史遗产与原苏东国家的民主转型：基于26个国家的模糊集与多值QCA的双重检测[J]．世界经济与政治，2013(02)：39-57，156-157.

[53]童光毅．关于当代能源转型方向的探讨[J]．智慧电力，2018，46(10)：1-3，25.

[54]汪辉，赵新刚，任领志，等．可再生能源配额制与中国能源低碳转型[J]．财经论丛，2021(9)：104-113.

[55]王法硕．省级政府"互联网+政务服务"能力的影响因素：基于30个省级政府样本的定性比较分析[J]．东北大学学报(社会科学版)，2019，21(02)：173-179.

[56]王凤彬，江鸿，王璁．央企集团管控架构的演进：战略决定、制度引致还是路径依赖：一项定性比较分析(QCA)尝试[J]．管理世界，2014(12)：92-114，187-188.

[57]王江，张翔．可持续能源转型：模型构建与分析[J]．中国人口·资源与环境，2020，30(3)：74-82.

[58]王君安，颜永才，易艳春，等．多层次视角下我国能源发展转型历程、困境与对策[J]．宏观经济管理，2017(11)：81-88.

[59]王卓宇．德国能源转型：政策及成效[J]．国际论坛，2016，18(2)：74-78，81.

[60]魏伟忠，张旭昆．区位理论分析传统述评[J]．浙江社会科学，2005(5)：184-192.

[61]吴磊，詹红兵．国际能源转型与中国能源革命[J]．云南大学学报(社会科学版)，2018，17(3)：116-127.

[62]吴敏．双碳目标指引绿色能源转型[N]．中国政府采购报，2021年11月23日第008版．

[63]夏鑫，何建民，刘嘉毅．定性比较分析的研究逻辑：兼论其对经济管理学研究的启示[J]．财经研究，2014，40(10)：97-107.

[64]熊妍婷，黄宁．对外开放与工业行业能源技术效率：基于随机前沿模型的分析[J]．当代财经，2010(9)：89-97.

[65]熊勇清，黄恬恬，李小龙．新能源汽车消费促进政策实施效果的区域差异性："购买"和"使用"环节政策比较视角[J]．中国人口·资源与环境，2019，29(5)：71-78.

[66]徐阳，苏兵．区位理论的发展沿袭与应用[J]．商业时代，2012(33)：138-139.

[67]许剑．国际能源转型的技术路径与中国的角色[J]．云南大学学报(社会科学版)，2018，17(3)：136-144.

[68]杨莉莎，朱俊鹏，贾智杰．中国碳减排实现的影响因素和当前挑战[J]．经济研究，2019(11)：118-132.

[69]姚遂，陈卓淳．社会-技术系统可持续转型研究：思路、批评、进展及反思[J]．中国科技论坛，2020(9)：145-155.

[70]曾诗鸿，李根，翁智雄，等．面向碳达峰与碳中和目标的中国能源转型路径研究[J]．环境保护，2021，49(16)：26-29.

[71]曾月明，许素．IPO会计舞弊影响因素研究[J]．管理学报，2019，16(10)：1552-1562.

[72]张驰，郑晓杰，王凤彬．定性比较分析法在管理学构型研究中的应用：述评与展望[J]．外国经济与管理，2017，39(04)：68-83.

[73]张航燕，史丹．2019年中国工业经济运行分析及2020年展望[J]．当代财经，2020(5)：3-12.

[74]张敬伟，马东俊．扎根理论研究法与管理学研究[J]．现代管理科学，2009(02)：115-117.

[75]张文华，闫庆友，何钢，等．气候变化约束下中国电力系统低碳转型路径及策略[J]．气候变化研究进展，2021，17(1)：18-26.

[76]张文忠．经济区位论[M]．北京：科学出版社，2000.

[77]张雪峰，宋鸽，闫勇．城市低碳交通体系对能源消费结构的影响研究：来自中国十四个城市的面板数据经验[J]．中国管理科学，2020，28(12)：173-183.

［78］张艳，吴中，席俊杰．区域创新系统的内部机制研究［J］．工业工程，2006(3)：9-14.

［79］张志彬．公众参与、监管信息公开与城市环境治理：基于 35 个重点城市的面板数据分析［J］．财经理论与实践，2021，42(1)：109-116.

［80］朱彤．德国与美国当前能源转型进程比较分析［J］．国际石油经济，2016，24(5)：1-8.

［81］ARRANZ，SCHOT J. Radical innovation as a multi level process：introducing floating grain elevators in the port of rotter dam［J］. Technology and culture，2005，46(1)：51-76.

［82］BALDWIN E，CARLEY S. Why do countries emulate each others' policies? a global study of renewable energy policy diffusion［J］. World development，2019，120(8)：29-45.

［83］BARRADALE M，CORNET Y. Developing assessment criteria for sustainable transport appraisal［J］. The transportation research board，2018，2672(3)：104-117.

［84］BATTESE G E，COELLI T J. Frontier production functions，technical efficiency and panel data：with application to paddy farmers in India［J］. Journal of productivity analysis，1992，3(2)：153-169.

［85］BATTILANA J，LECA B，BOXENHAUM E. How actors change institutions：towards a theory of institutional entrepreneurship［J］. The academy of management annals，2009，3(1)：65-107.

［86］BAZBAUERS G，KLITKOU A，BOLWIG S，et al. Review of modelling energy transitions pathways with application to energy system flexibility［J］. Renewable and sustainable energy reviews，2019(101)：440-452.

［87］Bergek A，Jacobsson S，Carlsson B，et al. Analyzing the functional dynamics of technological innovation systems：a scheme of analysis［J］. Research policy，2008，37(03)：407-429.

［88］BIJKER W E，HUGHES T P，PINCH T，et al. The social construction of technological systems：new directions in the sociology and history of technology

[M]. Cambridge, Massachusetts: The MIT Press, 1987.

[89] BINZ C, ANADON L D. Unrelated diversification in latecomer contexts—the emergence of the Chinese solar photovoltaics industry[J]. Environmental innovation and societal transitions, 2018(2): 145-153.

[90] CATHY M, LAURENCE T, LEBEAU K. Multi actor multi criteria analysis(MAMCA)as a tool to support sustainable decisions: state of use[J]. Decision support systems, 2012, 54(1): 610-620.

[91] CHRISTENSEN C M, KAUFMAN S P, SHIH W C. Innovation killers: how financial tools destroy our capacity to do new things[J]. Harvard business review, 2008, 86(1): 98-105.

[92] CHRISTENSEN C. The Innovator's Dilemma: when new technologies cause great firms to fail[M]. Boston: Harvard Business School Press, 1997.

[93] DAVID M. Moving beyond the heuristic of creative destruction: targeting exnovation with policy mixes for energy transitions[J]. Energy research & social science, 2017, 20(7): 427-433.

[94] DÓCI G, GOTCHEV B. When energy policy meets community: rethinking risk perceptions of renewable energy in Germany and the Netherlands [J]. Energy research & social science, 2016, 22(12): 26-35.

[95] DEUTEN J J, RIP A, JELSMA J. Societal embedding and product creation management[J]. Technology analysis & strategic management, 1997, 9(2): 131-148.

[96] DOSI G. Technological paradigms and technological trajectories: a suggested interpretation of the determinants and directions of technical change [J]. Research policy, 1982, 6(3): 147-162.

[97] DRIEL H V, SCHOT J. Radical innovation as a multi level process: introducing floating grain elevators in the port ofrotterdam [J]. Technology and culture, 2005, 46(1): 51-76.

[98] Duro J A, Padilla A E. International inequalities in per capital CO_2 emissions: a decomposition methodology by Kaya factors[J]. Energy Economics,

2006, 28(02): 170-187.

[99]FISS P C. Building better causal theories: a fuzzy set approach to typologies in organization research[J]. Academy of management journal, 2011 (54): 393-420.

[100] GEELS F W. Disruption and low-carbon system transformation: progress and new challenges in socio-technical transitions research and the multi-level perspective[J]. Energy research & social science, 2018(37): 224-231.

[101]GEELS F W. From sectoral systems of innovation to socio-technical systems: insights about dynamics and change from sociology and institutional theory[J]. Research policy, 2004, 33(6-7): 897-920.

[102]GEELS F W. Ontologies, socio-technical transitions (to sustainability), and the multi-level perspective[J]. Research policy, 2010, 39(4): 495-510.

[103]GEELS F W. Regime resistance against low-carbon energy transitions: introducing politics and power in the multi-level perspective[J]. Theory, culture & society, 2014, 31(5): 21-40.

[104] GEELS F W, SCHOT J W. Typology of sociotechnical transition pathways[J]. Research policy, 2007, 36(3): 399-417.

[105]GEELS F W, SOVACOOL B K, SCHWANEN T, et al. Sociotechnical transitions for deep decarbonization[J]. Science, 2017, 357(6357): 1242-1244.

[106]Geels F W, Sovacool B K, Schwanen T, et al. The Socio-Technical Dynamics of Low-Carbon Transitions[J]. Joule, 2017(1): 463-479.

[107]GEELS F W. Technological transitions and system innovations: a co-evolutionary and socio-technical analysis[M]. Cheltenham: Edward Elgar, 2005.

[108]GEELS F W. Technological transitions as evolutionary reconfiguration processes: a multi-level perspective and a case-study[J]. Research policy, 2002, 31(8-9): 1257-1274.

[109]Geels F. W., Verhees B. Cultural legitimacy and framing struggles in innovation journeys: A cultural-performative perspective and a case study of Dutch nuclear energy (1945-1986)[J]. Technological Forecasting & Social

Change, 2011, 78(6): 910-930.

[110]GLASER B G, STRAUSS A. The discovery of grounded theory: strategies for qualitative research[M]. Chicago: Aldine, 1967.

[111]Grübler A. Transitions in Energy Use[J]. Encyclopedia of Energy, 6 (2004): 163-177.

[112]HÖLSGENS R, LüBKE S, HASSELKUßM. Social innovations in the german energy transformation: an attempt to use the heuristics of the multi-level perspective of transformations to analyze the diffusion process of social innovations [J]. Energy, sustainability and society, 2018, 8(1): 1-13.

[113]HOOGMA R, KEMP R, SCHOT J. Experimenting for sustainable transport: the approach of strategic niche management[M]. London: Spon Press, 2002.

[114]ISHAK S A, HASHIM H. Low carbon measures for cement plant-a review[J]. Journal of cleaner production, 2015, 39(4): 260-274.

[115] KEMP R, ROTMANS J, LOORBACH D. Assessing the dutch energy transition policy: how does it deal with dilemmas of managing transitions? [J]. Journal of environmental policy & planning, 2007, 9(3-4): 315-331.

[116]KEMP R, SCHOT J, HOOGMA R. Regime shifts to sustainability through processes of niche formation: the approach of strategic niche management [J]. Technology analysis and strategic management, 1998, 10(2): 175-196.

[117]KERN F. Ideas, institutions and interests: explaining policy divergence in fostering "system innovations" towards sustainability[J]. Environment and planning C: government and policy, 2011, 29(6): 1116-1134.

[118]Kochanek E. The energy transformation in the visegrad group countries [J]. Energies, 2021, 14(8): 435-448.

[119]LEVY D L, EGAN D. A neo-Gramscian approach to corporate political strategy: conflict and accommodation in the climate change negotiations[J]. Journal of management studies, 2003, 40(4): 803-830.

[120]LIE M, SØRENSEN K H, et al. Making technology our own: do-

mesticating technology into everyday life[M]. Oslo: Scandinavian University Press, 1996.

[121]LOCKWOOD M, KUZEMKO C, MITCHELL C, et al. Historical institutionalism and the politics of sustainable energy transitions: a research agenda [J]. Environment and planning C, 2017, 35(2): 312-333.

[122]LOORBACH D. Transition management for sustainable development: a prescriptive, complexity-based governance framework[J]. Governance, 2010, 23(1): 161-183.

[123]LOORBACH D. Transition management: new mode of governance for sustainable development [M]. Utrecht: International Books, 2007.

[124]MACHARIS C, LAURIANE M, VERLINDE S. A stakeholder-based multicriteria evaluation framework for city distribution[J]. Research in transportation business & management, 2014, 11(7): 75-84.

[125]MACHARIS C, SPRINGAEL J, BRUCKER K D, et al. PROMETHEE and AHP: the design of operational synergies in multicriteria analysis: strengthening PROMETHEE with ideas of AHP[J]. European journal of operational research, 2004, 153(3): 307-317.

[126] MARKARD J, WIRTH S, TRUFFER B. Institutional dynamics and technology legitimacy—a framework and a case study on biogas technology[J]. Research policy, 2016, 45(1): 330-344.

[127] MATHEWS J A, CHO D S. Combinative capabilities and organizational learning in latecomer firms: the case of the Korean semiconductor industry [J]. Journal of world business, 1999, 34(2): 139-156.

[128] Mey F, Diesendorf M. Who owns an energy transition? Strategic action fields and community wind energy in Denmark[J]. Energy Research & Social Science, 35(2018): 108-117.

[129]MILES M B, HUBERMAN A M. Qualitative data analysis: an expanded sourcebook[M]. Thousand Oaks: Sage Publications, 1994.

[130]MOKYR J. The lever of riches: technological creativity and economic

progress[M]. New York: Oxford University Press, 1990.

[131] NELSON R R, WINTER S G. An evolutionary theory of economic change[M]. Cambridge (Mass): Belknap Press, 1982.

[132] NESTA. Systems innovation [R]. London: International Innovation Foundation Based in the UK, 2013.

[133] OECD. System innovation: synthesis report[R]. Paris: OECD, 2015.

[134] Peter Wells, Paul Nieuwenhuis. Transition failure: Understanding continuity in the automotive industry [J]. Technological Forecasting & Social Change, 79(2012): 1681-1692.

[135] Pierri E, Binder O, Hemdan G A. et al. Challenges and opportunities for a European HVDC grid[J]. Renewable and Sustainable Energy Reviews, 70 (2017): 427- 456.

[136] POWELL W, DIMAGGIO P, et al. The new institutionalism in organizational analysis[M]. Chicago: The University of Chicago Press, 1991.

[137] RAVEN R. Transitions and strategic niche management: towards a competence kit for practi-tioners[J]. International journal of technology management, 2010, 51(1): 57-74.

[138] RIHOUX B, RAGIN C C. Configurational comparative methods: Qualitative Comparative Analysis (QCA) and related techniques[M]. Thousand Oaks: SAGE Publications, 2009.

[139] RIP A, KEMP R. Technological change[M]//RAYNER S, MALONE E L. Human Choice and Climate Change. Columbus, Ohio: Battelle Press, 1998: 327-399.

[140] Roberts C. Discursive destablisation of socio-technical regimes: negative storylines and the discursive vulnerability of historical American railroads [J]. Energy Research & Social Science, 2017, 6(31): 86-99.

[141] ROTMANS J, et al. Transitions & Transition Management [R]. Final report of study "Transitions and Transition management" for the 4th National Environmental Policy Plan (NMP-4) of the Netherlands, ICIS & MERIT, Maas-

tricht, 2000.

[142]ROTMANS J, KEMP R, VAN ASSELT M. More evolution than revolution: transition management in public policy[J]. Foresight, 2001, 3(1): 15-31.

[143]SAATY T L. Relative measurement and its generalization in decision making why pairwise comparisons are central in mathematics for the measurement of intangible factors the analytic hierarchy/network process[J]. Review of the Royal Academy of exact, physical and natural sciences, series A: Mathematics (RACSAM), 2008, 102(6): 251-318.

[144] SAATY T L. The analytic hierarchy process: planning, priority setting, resource allocation[M]. New York, NY, USA: McGraw-Hill, 1980.

[145]SCHNEIDER C Q, WAGEMANN C. Set-theoretic methods for the social Sciences: a guide to qualitative comparative analysis[M]. Cambridge: Cambridge University Press, 2012.

[146]SCHOT J W, GEELS F W. Niches in evolutionary theories of technical change: a critical survey of the literature[J]. Journal of evolutionary economics, 2007, 17(5): 605-622.

[147]SCHOT J W, GEELS F W. Strategic niche management and sustainable innovation journeys: theory, findings, research agenda and policy[J]. Technology analysis & strategic management, 2008, 20(5): 537-554.

[148]Schumpeter. Business cycles: a theoretical, historical and statistical analysis of the capitalist process[M]. New York: McGraw-Hill, 1939.

[149]SMITH A, VOB J P, GRIN J. Innovation studies and sustainability transitions: the allure of a multi-level perspective and its challenges[J]. Research policy, 2010, 39(4): 435-448.

[150] STRAUSS A, CORBIN J. Grounded theory in practice [M]. Thousand Oaks, CA: Sage, 1997.

[151]SUDDABY R. From the editors what grounded theory is not [J]. Academy of management journal, 2006, 49(4): 633-642.

[152] UNRUH G C. Understanding carbon lock－in[J]. Energy policy, 2000, 28(12): 817-830.

[153]Vahl F P, Filho N C. Energy transition and path creation for natural gas in the Brazilian electricity mix[J]. Journal of Cleaner Production, 86(2015): 221-229.

[154] VAN DRIEL H, SCHOT J. Radical innovation as a multi－level process: Introducing floating grain elevators in the port of Rotterdam[J]. Technology and culture, 2005, 46(1): 51-76.

[155] Ventosa M, Baıllo A, Ramos A et al. Electricity market modeling trends[J]. Energy Policy, 33 (2005): 897-913.

[156]VERBONG G, GEELS F W. The ongoing energy transition: lessons from a socio－technical, multi－level analysis of the dutch electricity system (1960-2004)[J]. Energy policy, 2007(35): 1025-1037.

[157]Vuuren D P, Stehfesta E, Gernaat D E, et al. Energy, land－use and greenhouse gas emissions trajectories under a green growth paradigm[J]. Global Environmental Change 42 (2017): 237-250.

[158] WALKER W. Entrapment in large technology systems: institutional commitments and power relations [J]. Research policy, 2000, 29 (7－8): 833-846.

[159]WHILE A, JONAS A E G, GIBBS D. The environment and the entrepreneurial city: searching for the urban"sustainability fix"in Manchester and Leeds[J]. International journal of urban and regional research, 2004, 28(3): 549-569.

[160] WILSON C, GRÜBLER A. Lessons from the history of technology for clean energy scenarios and policies [J]. Natural resources forum, 2011 (35): 165-184.

[161]XIE X, SHAO X, LIN B. Exploring the driving forces and the mitigation pathways of CO_2 emissions in China's refine and coking industry(1995－2031)[J]. Applied energy, 184(2016): 1004-1015.